Živko Marković

ZADRUŽNA SAMOZAŠTITA POTROŠAČA

Beograd, 2014.

Živko Marković
ZADRUŽNA SAMOZAŠTITA POTROŠAČA

Izdavači:
Srpsko japansko društvo
"Beograd-Tokio"

Savez naučnih stvaralaca, Beograd

Tiraž: 100

Štampa:
Mozaik plus

CIP - Каталогизација у публикацији
Народна библиотека Србије, Београд

334.735

МАРКОВИЋ, Живко, 1933-
Zadružna samozaštita potrošača / Živko Marković. - Beograd : Srpsko japansko društvo "Beograd-Tokio", 2014 (Beograd : Mozaik plus). - 55 str. ; 24 cm

Tiraž 100. - Napomene i bibliografske reference uz tekst.

ISBN 978-86-87651-13-5

а) Потрошачко задругарство
COBISS.SR-ID 205537036

UVODNE NAPOMENE

Potrošači su najbrojnija i životno najugroženija populacija. Zarade, penzije i socijalna primanja uglavnom stagniraju, a cene sve nekvalitetnijih životnih dobara i javnih usluga stalno rastu. Potrošač je višestruko eksploatisan: na poslu od poslodavaca, a kod kuće sa svih strana. Rad je sve bezvredniji a život sve skuplji, ali kako da žive mnogi koji su bez ikakvog rada i zarada? Nisu li mogućnosti zarade sve malobrojnije a ljudi sve prekobrojniji, ili je u pitanju nešto drugo.

Izlaz se traži u zaštiti potrošača, ali ko, kako i od koga da zaštiti nezaštićenog potrošača? Sve nade se polažu u državu kao glavnog zaštitnika, ali kako da država zaštiti potrošača u procepu objektivno suprotstavljenih interesa između potrošača i poslodavca (privatnih i državnih) koje takođe mora da štiti, s obzirom da od njih zavisi, i to još više nego od potrošača? Krajnji ishod je da se, kad se svi podmire ili zakažu „kola slome preko leđa“ potrošača.

Pomoćni korektiv traži se u „nevladinim “ organizacijama potrošača, ali šta one mogu postići kad potrošači, za razliku od privatnih i državnih poslenika, nemaju gotovo nikakav uticaj na državu. Sve se svodi na to da potrošačke organizacije, izigravajući samozvane predstavnike potrošača, praktično deluju kao periferni prirepak države, više u sprovođenju državnih propisa nego u zaštiti potrošačkih interesa.

Ovde će biti učinjen pokušaj da se, kao alternativa državnoj zaštiti, bez očekivane zaštite, definiše zadružna samozaštita potrošača, s osnovnom devizom da potrošače niko ne može da zaštiti bolje nego sto sami sebe mogu, pod uslovom da to, u duhu zadružnih vrednosti i načela, čine neposredno i samoorganizovani.To je i najsigurnija preventivna zaštita postojećih zakonskih prava potrošača koja se samim državnim sankcijama zaštititi ne mogu.

Zadružna samozaštita potrošača ne isključuje zaštitnu ulogu države već podrazumeva njenu suštinsku demokratizaciju, kojom se proklamovana prava potrošača ostvaruju bez korišćenja državne prinude. Problem je samo što se u samom zadrugarstvu Srbije ne ostvaruju izvorne zadružne vrednosti i načela, zbog čega nema ni zadružne samozaštite potrošača.

Zbog toga je ovde težište stavljeno upravo na doslednu primenu zadružnih vrednosti i načela, u čemu je i suština zadružne samozaštite potrošača, kao osnovnog sistemskog oblika ostvarivanja potrošačkih interesa u funkciji trajnog održanja svekolikog ljudskog života. A to nije isključiva briga vladinih i nevladinih organizacija i organa, nego svih živih potrošača organizovanih u jedinstven opštedruštveni pokret.

I glava
POSTOJEĆA USLOVLJENOST LIČNE POTROŠNJE I ZADRUGARSTVA SRBIJE

Postojeća lična potrošnja i zadrugarstvo Srbije sistemski su uslovljeni klasnom eksploatacijom, koja se vrši kroz proizvodnju i raspodelu novostvorene vrednosti. Postojeći društveni sistem je u neraskinutom kontinuitetu sa prethodnim sistemima klasne eksploatacije i marginalnim položajem degradiranog izvornog zadrugarstva.

Klasna eksplotacija uvek i svugde dovodi do socijalno-ekonomske polarizacije stanovništva na bogate i siromašne, koja se vrši dvojako: na poslu preko platnog sistema između poslodavaca i zaposlenih, i u prometu između proizvođača i potrošača, odnosno prodavaca i kupaca. i uvek su na jednoj strani kreatori i diktatori platnog sistema i prometa, a na drugoj strani podnosioci klasne diktature.

Srbija je za vreme robovanja pod Turcima bila polarizovana ne samo na turske age i srpsku raju, već i na bogate srpske knezove i seosku sirotinju, koja je jedva sastavljala "kraj s krajem". Oslobođenjem od turskog zuluma srbijanska raja se nije oslobodila i od svoje sirotinjske bede, već je potpala pod još veći "zulum" takozvane prvobitne akumulacije kapitala, koji joj je cedio i poslednju kap znoja, često i uz lišavanje celokupne imovine.

Pravi put za oslobođenje od ubitačne klasne eksploatacije pronađen je u izvornom zadrugarstvu, te nije slučajno što je Srbija, kao spasonosni izlaz za svoje održanje, među prvim zemljama u svetu počela da razvija pre svega štedno-kreditno i potrošačko, odnosno nabavno-prodajno zadrugarstvo. To je u suštini bio pokret za održanje u životu svih eksploatisanih a ne, kako se obično misli, samo siromašnih, koji su upravo zbog eksploatacije i siromašili.

Zadrugarstvo je, međutim, celo vreme gušeno i potiskivano od strane klasne eksploatacije. Proizvodno zadrugarstvo nije se pod pritiskom monopolističke vladavine kapitala moglo ni razviti, a štedno-kreditno i potrošačko zadrugarstvo su ignorisani i prigušivani nelojalnom konkurencijom i profitmaherskom politikom vladajućih stranaka, opet pod odlučujućim monopolističkim uticajem krupnog privatnog i državnog kapitala.

Primat koji je pod vladavinom Komunističke partije, kampanjskim osnivanjem seljačkih radnih zadruga, dat proizvođačkom zadrugarstvu, bio je koban po izvorno zadrugarstvo jer su napuštanjem zadružnih vrednosti i načela zadruge pretvorene u puke transmisije partijsko državne birokratije, a potrošačko zadrugarstvo je i bukvalno ukinuto pod izgovorom da se zamenjuje socijalističkom trgovinom.Time je praktično odbačeno izvorno zadrugarstvo Srbije, sa dalekosežnim fatalnim posledicama po njegov dalji razvoj.

Umesto neuspelih seljačkih radnih zadruga, osnivane su, opet na brzinu kampanjski, opšte zemljoradničke zadruge, čija pretežna delatnost nije bila proizvodnja već otkup poljoprivrednih proizvoda po depresiranim drzavnim cenama, s osnovnim ciljem dirigovanog punjenja državnog buđeta viškovima poljoprivrednih proizvoda, kojim je praktično vršena državna, u suštini klasna, eksploatacija individualnog poljoprivrednog proizvođača. Godine 1981. na području uže Srbije "od ukupnog broja zemljoradnika obuhvaćenih udruživanjem i proizvodnom saradnjom sa organizacijama zemljoradnika, samo je 17.000 bilo udruženo na osnovu zajedničke proizvodnje, planiranja, učešća u samoupravljanju, zajedništvu u sticanju ukupnog prihoda i njegovoj raspodeli i ostvarivanju zdravstvenog, penzionog i invalidskog osiguranja" .[1]

Gubljenjem izvornog identiteta zadruge, izgubljen je i izvorni identitet zadrugara, koji više nije ni nazivan zadrugarom već kooperantom, to jest spoljnim saradnikom, koji sa otudjenom zadrugom stupa u spoljne kupoprodajne odnose, bez stvarnog uticaja na zadružno uparavljanje. Od anketiranih članova u sedam zemljoradničkih zadruga, 1998. godine samo je 8% (zadružni funkcioneri) odgovorilo da ima veliki, 42% (pretežno zaposleni u zadruzi) da ima mali, a 44% da nema nikakav uticaj na zadružno odlučivanje. I u najstarijoj (osnovanoj krajem 19. veka), Azanjskoj zadruzi, od anketiranih 10 članova , na zadružno odlučivanje 1 je imao mali, a 9 nisu imali nikakav uticaj.

---

[1]. Mladi u poljoprivredi i selu, Istraživačko-izdavački centar SSO Srbije, Beograd, 1981, str.88.

Kooperant nije bio slobodan "zadrugar" ni kao proizvodjač ni kao potrošač, ni kao prodavac ni kao kupac, jer su i prodajne i nabavne cene jednostrano odredjivali drugi, a iznad svih država i neposredno i preko drugih pa i preko zadruge bez zadrugara. I u kupovini sredstava lične potrošnje preko zadružne prodavnice, kooperanti nisu imali nikakvog uticaja na prodajne cene i ostale uslove snabdevanja, koji su mimo njihove volje jednostrano odredjivani.

Odnosi izmedju zadruge i kooperanata bili su unapred predodredjeni, što se, pored ostalog, ogledalo i u "propisanim maržama i cenama poljoprivrednih proizvoda, u regresima, premijama i drugim subvencijama i stimulacijama, zabrani opremanja individualnih gazdinstava savremenim sredstvima za proizvodnju, u odredjivanju organizacije sa kojom mogu saradjivati, kao i u forsiranju i nametanju pojedinih oblika i metoda saradnje."[2]

U takvim odnosima nije bilo mesta za zadružne vrednosti i načela, jer je "u organizacijama zadrugara i kooperanata, nezavisno od proklamacije zajedništva, postojala suprotnost interesa izmedju zemljoradnika i zaposlenih u organizacijama kooperanata", koja je razrešavana na štetu zemljoradnika. Zemljoradnicima kojima su vršene usluge, obračun je vršen po cenovniku osnovne organizacije kooperanata, koja je "deo vrednosti od svake usluge koju izvrše udruženi zemljoradnici zadržavala za ukupan prihod OOK".[3]

Nakon početnog uspona, interes za kvazizadružnu kooperaciju je zbog kompromitacije brzo splasnuo. U SFRJ je najveći broj kooperanata dostignut 1964. godine kad je iznosio 925.000, a do 1972. godine opao je na 588.000.[4] U Srbiji je preko kooperacije od 1957-2000. godine promet semenske pšenice i kukuruza, kao i mineralnih djubriva drastično opao, a znatno su smanjene i površine požnjevene pšenice i obranog kukuruza.[5]

Usled opadanja interesa za kooperaciju, kao i zbog globalne političke orijentacije da se cela privreda organizuje kroz udruženi rad, preduzet je i

---

[2]. Dr Sava Ilić, Podruštvljavanje i udruživanje u Vojvodini, "Ekonomika poljoprivrede", Beograd, 1985, str.111.

[3] Milan Vukojević, Udruživanje zemljoradnika u Vojvodini, Centar SKV za političke studije i marksističko obrazovanje, Novi Sad, 1983, str. 130. i 146.

[4] Dragoljub Č.Simović, Uključivanje zemljoradnika u samoupravne odnose, "Nolit", Beograd, 1975, str. 235.

[5] Statistički godišnjak Srbije, 2001, godine, Zavod za informatiku i statistiku, Beograd, 2001.

treći pokušaj da se poljoprivredni sektor privrede transformiše u državni. Deseti kongres SKJ utvrdio je 1974. godine politiku integrisanja individualnih poljoprivrednih gazdinstava u udruženi rad, što je potvrdjeno Ustavom SFRJ 1974, kojim se zemljoradnici "izjednačuju sa radnicima udruženog rada".

Broj zemljoradničkih zadruga Srbije u medjuvremenu je znatno smanjen svodjenjem na 431. "Potiskivane sa svoga polja rada, a u borbi za dohodak zaposlenih u njima, zemljoradničke zadruge se medjusobno spajaju ili najčešće pripajaju poljoprivrednim dobrima, pa i trgovačkim organizacijama. U takvim integracijama njima se oduzimaju ekonomije i pripajaju poljoprivrednim dobrima. Stručni kadrovi prelaze iz sela u grad, zapošljavaju se u direkcijama kombinata, na društvenim imanjima ili trgovini. Mnoge aktivnosti zadruge kao ekonomske organizacije slabe ili se potpuno gase".[6]

Obećanja Komunističke partije o socijalističkoj trgovini i raspodeli prema radu nisu se obistinila. Umetso toga, sistemski je ostvarivana administrativna raspodela i preraspodela po troškovnom principu, prema troškovima proizvodnje, trudodanu, školskoj spremi, radnom mestu, kvalifikaciji, poslovnoj odnosno političkoj funkciji i društvenom položaju, sa političkim unapredjenjima i neznatnim materijalnim stimulacijama.

Pri takvoj raspodeli ni proizvodna ni lična potrošnja nije bila u zakonomernoj korelaciji s ekonomskim efektima, niti s individualnim i kolektivnim doprinosom njihovom ostvarivanju. Država je sistematski pokrivala gubitke privrednih organizacija bez obzira na to zašto su nastali, a lična primanja zaposlenih rasla su nezavisno i znatno iznad produktivnosti. U 1961. godini na primer, lični dohoci u privredi SFRJ porasli su za 23%, a produktivnost u industriji samo za 3,4%.[7]

Kretanje potrošnje ispred proizvodnje ne bi bilo moguće bez zaduživanja. Da bi unapred trošili nezaradjeno, potrošači su se morali zaduživati kod države, a da bi ih mogla kreditirati, država se i sama morala zaduživati, kako radi kreditiranja potrošnje, tako i radi proizvodnje. Što je "osobeni i društveni standard svih društvenih sredina i gotovo svih pripadnika društva

---

[6] Dr Sava Ilić, cit. rad, str. 40.
[7] Dušan Bilandžić, Historija Socijalističke Federativne Republike Jugoslavije, "Školska knjiga", Zagreb, 1985, str. 252.

stalno i rapidno rastao, "tajna" je u medjunarodnim kreditima koji su djelomično išli i u neproizvodnu potrošnju.".[8]

Da bi se kreditirana prekomerna potrošnja mogla podmirivati, morala se i proizvodnja preko sopstvenih mogućnosti zasnivati na investiranju bez pokrića i zaduživanjem. "Protivrečnost izmedju niske akumulativne sposobnosti privrede, na jednoj i orijentacija na velika invetsiciona ulaganja, na drugoj strani, razrešavana je stvaranjem veštačke tražnje putem povećanja novčane mase, investicionim ulaganjem bez pokrića i prekomernim zaduživanjem u inostranstvu", i to "pretežno izvan kontrole radnika u OOUR". Investiciomanija je vodila "tome da se na bazi nezaradjenih sredstava bespošteno zaduživalo u inostranstvu. Jugoslavija je 1875. godine dugovala 6.584 miliona dolara, a krajem 1983. već 20.501 milion dolara".[9]

Zbog sve većeg zaduživanja i zaostajanja u otplaćivanju dugova, sve više je ugrožavana održivost i proizvodnje i potrošnje pa i globalnog razvoja društva, čime je sve veći teret održanja prebacivan na buduće generacije. Usled slabe ekonomske motivacije proizvođača i celog društva, glavni oslonac za održanje društvene produktivnosti tražen je u bespoštednoj eksploataciji prirodnih resursa, koji su i radi domaće proizvodnje i radi izvoza sve više iscrpljivani, čime je još više dovodjena u pitanje trajna održivost razvoja i samog života.

Pri zapostavljanju ekonomskih kriterijuma zavladali su politički kriterijumi u regulisanju društvene reprodukcije, gde ni na društvenim pozicijama ni u raspodeli novostvorene vrednosti nisu dominirali produktivniji već politički uticajniji, što je rezultiralo odgovarajućim socijalno-ekonomskim raslojavanjem na uticajne i neuticajne, dobro stojeće i loše stojeće, sa visokim i niskim standardom. Na toj osnovi nastajale su trajne razlike u ličnoj potrošnji izmedju pune i poluprazne "potrošačke korpe", koje se nisu mogle poravnati nikakvim proizvodnim ili stvaralačkim radom, pa ni zamaskirati prosečnom statističkom korpom.

Uprkos ekonomski neopravdanih ličnih primanja, individualne i klasne razlike nisu smanjivane nego su povećavane, a najviše između političke i privredne birokratije, na jednoj, i nekvalifikovane radne snage, na drugoj

---

[8] Isto, str.450.

[9] Polazne osnove dugoročnog programa ekonomske stabilizacije, Zbirka dokumenata u redakciji B. Petranovića i M. Zečevića Jugoslavija 1918-1984 , Beograd, 1985, str. 1106. i 1108.

strani. A u duhovnoj delatnosti, najveća provalija bila je između apologeta oficijelne politike i stvaralačkih disidenata, čija zabranjena dela ni "svetlo dana" nisu mogla ugledati. Bez ikakve veze sa radnim i stvaralačkim doprinosom, razlike u ličnim dohocima dostizale su "astronomske" razmere.

Ali nisu samo razlike u ličnim dohocima činile osnovu ekonomske polarizacije. Pripadnici povlašćenih slojeva imali su mnoge prinadležnosti i privilegije kojima je njihov životni standard dodatno uvećavan. Uticajni pojedinci su društvenu imovinu "razvlačili" na gradjenje ličnih vila i vikendica, nepotrebna službena i neslužbena putovanja po zemlji i inostranstvu, godišnje odmore, letovanja, zimovanja i izlete provodili o državnom trošku, službena sredstva i osoblje koristili za obavljanje svojih privatnih poslova i provoda i dr.

Službeni poslovi korišćeni su i za obavljanje unosonog privatnog biznisa. Tito je javno žigosao direktore koji su "povezani sa nekim rukovodiocima iz mjesnih vlasti, drmali u svom preduzeću i gledali da što više ušićare ne obazirući se na ono što je kolektiv odlučio", u šta su, pored ostalog, spadala nepotrebna putovanja u inostanstvo uz "rasipanje deviznih sredstava na račun kolektiva", kao i "često korumpiranje naših ljudi u inostranstvu" da bi se izdejstvovale neke trgovinske koncesije, "crna ulaganja u razne inostrane banke"[10] te osnivanje privatnih firmi naših poslovnih ljudi u inostranstvu, i to sa "šićardjijski" stečenim sredstvima.

Tempo ekonomske polarizacije usporavan je samo aktivnostima mesne samouprave, koje su razvijane uglavnom u nerazvijenim seoskim i prigradskim sredinama, gde je životni standard inače najviše zaostajao. To je postizano, pre svega, zadovoljavanjem zajedničkih potreba građana putem samoinicijativnog udruživanja rada i sredstava u vidu mesnog samodoprinosa. U toku prve decenije svoga rada, mesne zajednice, osnovane po Ustavu SFRJ 1963. godine, izgradile su na području Jugoslavije, pored ostalog, 7.204 kilometra puteva javnog prometa, 2.412 mostova i propusta, te oko 256 miliona kvadratnih metara pločnika, zasadile oko 924 miliona stabala, uredile 9.243 hektara novih zelenih površina i pošumile 64.917 hektara zemljišta. Za isto vreme, naporima mesnih zajednica izgradjeno je 1.617 trafostanica, 6.354 kilometra priključne električne mreže, 3.182 vo-

[10] Govor Tita na mitingu u Splitu 1962, Zbirka dokumenata B. Petranovića i M. Zečevića, isto, str. 920.

dovodna rezervoara, 10.541 kilometar vodovodne razvodne mreže i 913 km kanalizacione mreže.[11]

Efekti po životni standard gradjana i smanjenje ekonomskih razlika bili bi daleko veći da izgradjeni objekti nisu otudjeni od gradjana i dati na korišćenje javnim preduzećima, koja su njihovim prihodima povećavala plate svojih službenika, dok obveznici samodoprinosa nisu imali nikavih beneficija kroz cene usluga. Zbog nedefinisanih svojinskih odnosa, građani su izgubili sve sudske sporove oko ekspropisane imovine samodoprinosa, dok ona nije konačno prešla u vlasništvo države bez ikakve naknade.

Tranzicijom su se svojinski odnosi, u interesu gradjana, mogli demokratizovati putem revitalizacije izvornog zadrugarstva i/ili narodnog akcionarstva. To je u početku i pokušavano ali je tranzicija Srbije, pod uticajem retrogradnih snaga krenula sasvim suprotnim smerom kojim su i zadrugarstvo i akcionarstvo praktično prigušeni.

Sa napuštanjem samoupravljanja, na samom početku tranzicije zauzeta je orijentacija za obnavljanje zadrugarstva, pa je do 1996. godine broj zemljoradničkih zadruga u Srbiji povećan na 748, a donesen je i novi Zakon o zadrugama. Bila je to prilika da se iznemoglo samoupravljanje, zadržavanjem njegovih progresivnih tekovina,"pretopi" u izvorno zadrugarstvo, samo da je postojao snažan zadružni pokret da u tom pravcu pokrene progresivnu tranziciju. Vrzino kolo tranzicije povele su, međutim, po orkestriranoj "muzici" kolonijalnih sila, vlastoljubive profitmaherske snage, koje su formalno obnovljeno zadrugarstvo gurnule na same margine kolonizatorske tranzicije.

U službi kolonizacije i pod dominacijom privatnog kapitala, vladajuće stranke i država ne samo što ne podstiču nego i suzbijaju razvoj zadrugarstva. Država, kao i u vreme kvazisamoupravljanja, ne garantuje zadrugama suvereno raspolaganje njihovom imovinom, koju im bez naknade oduzima kao da je njena, merama ekonomske politike stavlja ih u nepovoljniji položaj od privatnih i državnih preduzeća pa i od individualnih poljoprivrednih proizvođača, izuzima ih iz svojih programa subvencioniranog zapošlajvanja, toleriše nelojalnu konkurenciju i razne monopole, koje i podržava, a koji najviše legalno poslovanje organizacija ugrožavaju. Visokim bankarskim cenzusom, država je praktično ukinula štedno-kredino zadrugarstvo, a ni

[11] Stanje u 1975. godini u Jugoslaviji prema Saopštenju Saveznog zavoda za statistiku, br. 50, god.XX, 18.II 1976.

najmoćnije zadruge, bez legalnog raspolaganja svojom imovinom, koja se vodi kao društveno vlasništvo, ne mogu uzimati inače skupe bankarske kredite.

Svojim uplitanjem, političke stranke ugrožavaju samostalnost, autonomiju i demokratsko funkcionisanje, kao i društveno angažovanje zadružnih organizacija. To najviše čine ubacivanjem svojih kadrova na uticajne zadružne pozicije, koji deluju po njihovim direktivama. Vezivanjem za političke stranke, zadružne organizacije se praktično odriču sopstvene odgovornosti za društvenu zajednicu i njen održivi razvoj, pa se nisu čule ni kad se odlučivalo o samoj tranziciji.

Pod pritiskom divergentnih političkih uticaja, marginalizovano srbijansko zadrugarstvo je paralizovano, razbijeno i umrtvljeno, sa čime je izgubilo svoj generički identitet, te se uglavnom zadružne vrednosti ne ostvaruju i zadružna načela ne primenjuju. U sprovedenoj anketi, čak 62% direktora zemljoradničkih zadruga nije znalo da navede ili je delimično i netačno navelo zadružne vrednosti, a od 38% koji su delimično tačno odgovorili, nijedan nije znao da navede više od 4 zadružne vrednosti. Ni zadružna načela ne poznaje 82,3 % direktora, dok od onih koji su dali delimično tačne odgovore, nijedan nije znao da navede više od tri načela. Od ostalih zadružnih funkcionera 26,6% nije znalo više od tri zadružne vrednosti, a 22,8% više od tri zadružna načela.[12]

To je posledica činjenice da u Srbiji ugalvnom nema pravog zadrugarstva, koje je još za vreme samoupravljanja zamenjeno kooperacijom, zadržano i tokom tranzicije. “U poslovnoj saradnji zemljoradnika sa zadrugama, umesto članova-zadrugara, u našim zadrugama preovaldjuje kategorija “kooperanata“, koji deluju kao “slobodni strelci“ nezavisno od rizika u poslovanju zadruge“.[13] Pošto nisu pravi članovi zadruge, kooperanti su sa zadrugom u spoljašnjim kupo-prodajnim, to jest klasičnim tržišnim odnosima, gde zadružnih vrednosti i načela nema.

Pretvaranjem u prometne kooperative, i poljoprivredne zadruge su iz proizvodnje gurnute u prometnu sferu da se prevashodno bave kupo-prodajom proizvodnih inputa i poljoprivrednih proizvoda. Njima je još “utapanjem“ u udruženi rad praktično oduzeta proizvodna delatnost, koja je tranzicijom

[12] Strategija razvoja zemljoradničkog zadrugarstva u Republici Srbiji, Društvo agrarnih ekonomista Srbije, Beograd, 2012, str. 22.
[13] Isto, str. 17.

svedena na zanemarljivi minimum. Zadružne ekonomije su gotovo uništene, te se danas mali broj zadruga bavi i to uglavnom primarnom proizvodnjom, zbog čega je udeo bruto društvene vrednosti (BDV) zemljoradničkog zadrugarstva u BDV sektora A (poljoprivreda, lov i šumarstvo) nesrazmerno mali (1,5%) u odnosu na broj vlasnika zemljoradničkih gazdinstava.[14]

Zbog nerazvijenosti proizvođačkog zadrugarstva, u Srbiji gotovo da nema potrošačkog zadrugarstva, koje se bez neposrednog snabdevanja od proizvođača ne može održati. Skoro sve potrošačke zadruge koje su osnovane u poslednjoj deceniji prošlog veka brzo su ugašene, pre svega zbog toga što su se snabdevale od skupih i nepouzdanih trgovinskih posrednika, i to pojedinačno bez korišćenja ekonomije obima udruživanjem sa drugim nabavljačima. Potrošačko zadrugarstvo je pod žestokim udarom nelojalne konkurencije sive ekonomije, kojom se uz sitne prodavce preko svojih dilera i sindikalnih organizacija bave i velike proizvođačke i trgovinske firme.

Zajedno sa svakom drugom ekonomijom, ekonomija obima je u Srbiji nestala sa nestankom izvornog zadrugarstva od pre Prvog i Drugog svetskog rata, kada su se nabavno-prodajne zadruge snabdevale udruživanjem u svoje nabavne saveze. Time je prekinuto svako poslovno povezivanje srbijanskih zadruga, koje usamljenički tavore jedva sastavljajući “kraj s krajem“. Etatističko-liberalističkim samoupravljanjem zadružni savezi su pretvoreni u puke transmisije za sprovođenje tekuće partijsko-državne politike, kako je nastavljeno i tokom tranzicije.

Na marginama društva, zadrugarstvo Srbije ne deluje kao integralni deo društvenog sistema i društvene reprodukcije pa ni kao jedinstven zadružni pokret. Ne samo što ne postoji opšti zadružni savez Srbije, niti posebna zadrugarstva međusobno komuniciraju, već ni unutar sektorskih saveza nema internih komunikacija između pojedinih zadruga i sa zadružnim savezima, koji praktično ne obavlajju ni zakonom utvrđene društvene a kamoli poslovne funkcije. Zato nema ni razvijenog zadružnog obrazovanja i informisanja, a sporadične su i javne informacije državnih medija o zbivanjima u zadrugarstvu. Tako rasparčano i potisnuto, zadrugarstvo Srbije nema gotovo nikakav uticaj na društvena zbivanja, pa ni bilo kakvu odgovornost za društvenu zajednicu.

[14] Isto, str.9.

Pored zadrugarstva, potencijalnu tranzicionu alternativu promašenom samoupravlajnju predstavlajlo je i masovno akcionarstvo, na kojem počiva savremeni kapitalizam. Bilo bi i probitačno i profitabilno da se Srbija ugledala na savremeni kapitalizam, ali to nije odgovaralo savremenim moćnicima kolonizatorskog kapitalizma pa su je, zajedno sa njenim kapitalističkim skorojevićima, gurnuli u prvobitni kapitalizam.

Donošenjem 1990. godine saveznog zakona o svojinskoj transformaciji, sva preduzeća su dobila autonomiju u odlučivanju da li će ići u privatizaciju, kao i o strategiji privatizacije zavisno od startegije razvoja. A zakonskim aktima iz 1991. i 1994. utvrđeni su uslovi i postupak pretvaranja društvene svojine u druge oblike svojine, kojim su kroz stimulacije zaposlenima za otkup akcija otvorene mogućnosti za razvoj radničkog akcionarstva, što je verovatno bio jedan od razloga preduzimanja drastičnih sankcija kolonizatora prema Srbiji, čime su prktično zaustavljeni i privatizacija i razvoj. Novim zakonom o svojinskoj transformaciji 1997. godine, radničko akcionarstvo je ponovo favorizovano, pa su radnici i bivši zaposleni mogli da upišu i do 70% akcija, što je naišlo na koncentrisani otpor kolonizatora i njihovih domaćih kolaboratora, kojim je ubrzana i smena vlasti.

Po nalogu kolonizatora, nova vlast je odmah stavila van snage Zakon iz 1997. i 2001. godine donela novi Zakon o privatizaciji, kojim je prethodni koncept privatizacije preokrenut za 180 stepeni: napušten je model insajderske (autonomne) privatizacije i usvojen model prodaje društvenog i državnog kapitala (70%) spoljnim vlasnicima, a ostatak (30%) zaposlenim i bivšim zaposlenim u preduzeću, i to tek nakon prodaje 70% akcija spoljnim vlasnicima. Time je praktično zapečaćena sudbina radničkog, odnosno masovnog narodnog akcionarstva u Srbiji, suprotno preovlađujućoj praksi u razvijenim kapitalističkim zemljama.

Zakonom o kolonizatorskoj privatizaciji širom su otvorena vrata "divljem kapitalizmu", koji omogućava bezobzirno bogaćenje na sve moguće načine. Divlajnje je podstaknuto samom bezuslovnošću šok privatizacije, koja je podrazumevala hitnu denacionalizaciju po svaku cenu, tako da je sama za sebe tretirana kao najveći društveni cilj, pa je u duhu liberalističke etike bilo dozvoljeno sve što je na liniji ličnog bogaćenja, kao najvišeg moralnog vjeruju. U tom duhu vođena je i liberalistička politika kolonizatorske privatizacije, "čija se suština ogleda u smišljenom uništavanju socioekonomskog sistema jednog društva,... u kom smislu se pokazivalo da ideološke distinkcije gube na svojoj vrednosti, kao što i tzv. "jačanje institucija pravne države" pada u drugi plan svaki put kad se postavi pitanje procenata, provizija i računa u švajcarskim bankama."[15]

Iza smišljenog uništavanja zatečenog socioekonomskog sistema Srbije stajala je samo ideološka zabluda o kvazislobodnom liberalističkom sistemu bez sistema u kojem će se sve u najboljem redu spontano odvijati, kao i na njoj zasnovana bezbriga šta će se desiti nakon rušenja svega zatečenog. Kod šok privatizacije, "glavna greška leži u verovanju da će se spontano pojaviti kapitalistička tržišna ekonomija kao posledica uvođenja privatnog vlasništva pošto su cene slobodne, valuta stabilizovana i uvedeno konkurentsko tržište".[16] Trebalo je, dakle, samo uništiti nasleđeno kvazidruštveno odnosno državno vlasništvo njegovim razbijanjem u paramparčad privatnog vlasništva, da bi se na toj osnovi dalje sve samo po sebi odvijalo.

Privatizacija se tako "izrodila u besprimernu pljačku društvene svojine",[17] a time i u pljačku celog naroda, kojem ona, iako od njega otuđena, izvorno pripada. "U svetlu ogorčene, a sve češće i ogoljene, borbe za preraspodelu materijalnih dobara i društvenih funkcija i privilegija, sa velikim izgledom da se preko leđa građana Srbije sastavi nekoliko krugova ili potapajućih talasa ilegalne, nelegalne, polulegalne i prividno legalne pljačke mogu se najbolje objasniti tranzicioni procesi Srbije".[18] Pljačkalo se na razne načine: putem bukvalne otimačine, prevare, podvale, teških zločina, korupcije.[19] Pljačka se ne svodi samo na oduzimanje od radnika fabrika i drugih privrednih objekata, već se širi na "ojađivanje" celog naroda preko veštačke inflacije, otimačine narodne štednje, precenjenog kursa dinara ili trajnog otuđivanja iz nacionalnog posedovanja dobara od opšteg interesa.

Brojni su primeri poklanjanja ili prodaje preduzeća, privrednih objekata i zemljišta za simboličnu cenu, razume se uz debelu proviziju i mito. "Broj domaćih preduzeća koja su posle oktobra 2000. godine privatizovana",

---

[15] Zbornik Izgubljeno u tranziciji (Djordje Tomić), Rosa Luxemburg, Leftung, regionalna kancelarija za jugoistočnu Evropu, Beograd, 2012, str. 379.

[16] Egon Macner, Monopolarni svetski poredak, izdavač Dosije, Beograd, 2003, str. 51.

[17] Slobodan Vučetić, Privatizovana država , "Stubovi kulture", Beograd, 1996, str 17.

[18] Milan i Gordana Tripković, Stranputica Srbije , Mediterran publishing, Novi Sad, 2009, str. 89.

[19] Prof. Dr Dragoljub Stoiljković, Kriza u tranziciji , Studentski informativno-izdavački centar, Niš, 1999, str.227.

prešao je 1000 firmi, a "najrentabilnija preduzeća prodata su u bescenje, neka čak za iznos od nekoliko evra".[20] Sumnjiva je prodaja "Sartida" američkoj firmi za cenu (po procenama) od oko 5% njegove vrednosti,[21] a i Fabrika cementa u Beočinu prodata je po bagatelnoj ceni inostranoj firmi "La farž".[22] Javnosti je poznat niz slučajeva da su "zaslužnim" ličnostima ili njihovim potomcima i rođacima bukvalno poklanjane "zdrave" firme, stambeni objekti ili druga dobra velike vrednosti. Kao da se htelo, a i htelo se, da se društvena imovina Srbije kako-tako što pre rasturi.

Kolonizatorima je zapravo i stalo do toga da Srbiju ekonomski što više oslabe da bi je učinili što zavisnijom i pokornijom, a njihove pokorne sluge su ih dobro slušale ne vodeći računa o tome kome će i kako imovinu zemlje Srbije otuđiti. I "strategija Vlade bila je da se ne proverava poreklo kapitala kojim se privatizuju preduzeća, navodno da se ne bi zastrašili potencijalni investitori, tako da su pojedine privatizacije bile očigledan primer "pranja" novca, a vlasnici su postali ljudi sa kriminalnim dosijeima.[23] I mnoga od prodatih preduzeća našla su se u rukama "preduzetnika" za koje je teško pretpostaviti da će biti uspešni u uslovima pravne države i poštovanja "pravila igre" na domaćem i međunarodnom tržištu... Mnogi pripadnici političke i ekonomske elite došli su niotkuda: iza sebe nemaju dokazane sposobnosti, njihov intelektualni i moralni nivo ne uliva poverenje. Pažnja je zato koncentrisana na preraspodjelu (privatizaciju) preostalog državnog kapitala, a skoro sasvim izostaje inovativna aktivnost kao generator razvoja".[24]

Ali nisu svi ni kupovali državne firme da bi radile, već da bi ih preprodavali i na tome profititrali. "Propale su mnoge privatizovane firme ili su promenile namenu da bi lakše bile prodate".[25] Pojedini inostrani kupci srbijanskih firmi kupovali su samo srbijansko tržište za palsman svojih proizvoda, pa

---

[20] Dr Marko Radulović, Na udaru globalizacije , Institut za ekonomiku poljoprivrede, Beograd, 2004, str. 35.

[21] Slobodan Vuković, Tranzicija i korupcija , Institut društvenih nauka i "Rad" Beograd, 2007, str. 31.

[22] Njegovan Slijepčević, Kratke priče , Građanski institut za demokratiju i bezbednost "Paralaks", Beogard, 2006, str 47.

[23] Sanja Stošić, Privatizacija u Srbiji , Zadužbina Andrejević, Beograd, 2008, str. 237.

[24] Dr Marko Sekulović, Ogledi o tranziciji , Ekonomski fakultet u Nišu, Niš, 2004, str. 234.

[25] Zagorka Golubović, Kako kalimo demokratiju- šta nismo naučili , "Albatros plus", Beograd, 2011, str. 224.

su ih odmah po kupovini zatarabili. Širom Srbije "zvrje" zapušteni, napušteni i već oronuli privredni objekti. Privatizacija se u velikoj meri svela na fizičko uništavanje srbijanske privrede, što i jeste jedan od profitmaherskih ciljeva kolonizatora.

Kolonizatorski ciljevi, usmereni na uništavanje domaće privrede, providni su već iz Vašingtonskog konsenzusa, koji je Jugoslavija, zbog prezaduženosti, prihvatila još za vreme samoupravljanja, a kojim se, pored ostalog, nalaže: privatizacija državnih preduzeća (radi razbijanja ekonomskog sistema); deregulacija preduzetništva i jačanje konkurencije (radi ekonomske dominacije kolonizatora) ; ukidanje veštackih barijera za direktne inostrane investicije, uz trgovinsku i finansijsku liberalizaciju, snižavanje poreskih stopa i jedinstveni devizni kurs koji obezbeđuje spoljnotrgovinsku konkurenciju (radi ekonomske infiltracije i jačanja monopolske pozicije transnacionalnih korporacija) ; ukidanje uvoznih carina, kontrole stranih investicija, cena i nadnica, snižavanje poreza na dohodak korporacija, i drastična redukcija davanja za zdravstvenu i socijalnu zaštitu (sve radi što veće kolonijalne eksploatacije).

Fokusiran na uništavanje nacionalne proizvodnje radi održanja profiterske transnacionalne proizvodnje, Vašingtonski konsenzus je Srbiju, kao i druge nerazvijene zemlje, doveo u totalnu kolonijalnu zavisnost. I oficijelna Srbija ga ne prihvata (jer narod niko i ne pita) da bi se razvijala već da bi vegetirala, preživljavajući od danas do sutra, bez mogućnosti da planira i nešto čini za svoju budućnost. Pošto je šok privatizacijom razorila svoj tehnološki-ekonomski sistem, ona se orijentisala na sitna (tipično zanatska) preduzeća bez savremene tehnologije, ekonomije i organizacije, i bez sistema, i pošto ne mogu egzistirati bez tehnološko-ekonomskog povezivanja u velike sisteme, ona se gase brže nego što nastaju, ili postaju najamnički prirepak velikih profiterskih korporacija, od kojih država Srbija nema velike koristi.

Munjevitom šok kolonizacijom Srbija je takoreći prekonoć uništila svoju, naročito industrijsku proizvodnju i razorila svoje proizvodne i razvojne potencijale. "Mnoge stare, posebno izvozne industrije nestale su, a gotovo da nijedna nova nije otvorena". Obim proizvodnje i zaposlenosti u industriji 2010. godine iznosio je, prema nekim procenama, tek oko 36% od predtranzicionog maksimuma iz 1987/1988. godine. Posle 2000. godine došlo je do dinamizirane deindustijalizacije, što se ogledalo u gašenju razvojnih potencijala praktično svih okruga i centara i nestanka skoro svih nasleđenih klastera iz socijalističkog perioda. Od 1990-2010. godine zaposlenost je u industriji smanjena sa 1,067.000 na 480.700 lica.[26]

Prinudnim otpuštanjem zaposlenih, pod izgovorom tehnološkog viška, umrtvljen je najdragoceniji a najpotcenjeniji živi kapital zemlje Srbije, a najbolniji razvojni gubitak je "progon" stručnog i stavralačkog kadra, ne samo iz proizvodnje već i iz naučno-istraživačke delatnosti. Po "odlivu mozgova", Srbija je (prema rang-listi Svetskog ekonomskog foruma) 2010. godine bila na 4. mestu u svetu, a prema Radio Beogardu krajem 2011. na drugom mestu.[27] Samo od 1990-1994. godine u kolonijalne zemlje, a najviše u SAD, emigriralo je iz SR Jugoslavije 918 istraživača.[28]

Suprotno prevarantskim obećanjima i neutemeljenim predviđanjima, privatizacija je Srbiji donela drastičan pad, ionako niske, stavralačke, proizvodne i ekonomske motivacije, kao ključnog činioca ekonomskog i svekolikog društvenog razvoja. U "ključne posledice" tranzicije ubrajaju se upravo: "1) odsustvo motivacije za razvoj proizvodnog preduzetništva, 2) sporo i neravnomerno povećanje efikasnosti realne privrede, kao i infrastrukture za privatno investiranje u izvozno poslovanje, i 3) slabljenje performansi ljudskog kapitala". Novi vlasnici industrijskih preduzeća "nisu bili zainteresovani za poslovnu i tehnološku revitalizaciju postojećih kapaciteta", a "većina novih vlasnika nije imala potrebna znanja i veštine za upravljanje industrijskim preduzećima, niti su bili zainteresovani da ih steknu".[29]

Drastičan pad proizvodnje uticao je i na opadanje lične potrošnje, koje je tranziciona vlast morala veštački ublažavati, čime je drastično narušavana ekonomska ravnoteža između proizvodnje i potrošnje. Tako je 2008. godine potrošnja bila za 35% veća od bruto društvenog proizvoda, odnosno 7 puta veća nego 2004. kada je u odnosu na BDP bila veća za 5%. Time je nastavljen ekonomski neodrživ, a politički veštački održavani kontinuitet vladajućeg režima da se troši više, i sve više, nego što se proizvodi.

To je pored nasleđenog inozaduživanja, tokom tranzicije postizano rasprodajom društvene imovine, uz dodatno trošenje stranih donacija. Od 2000.

---

[26] Zbornik Kontroverze ekonomskog razvoja u tranziciji , Srbija i zapadni Balkan (Sofija Ađić), Ekonomski fakultet u Beogradu, Beogard, 2011, str. 195.

[27] Kontroverze ekonomskog razvoja u tanziciji (Mladen Kovačević), isto, str. 48.

[28] Sankcije-uzroci, legitimitet, legalitet i posledice , Naučni skup SANU ((Vladimir Grečić) , Beograd, 1994, str. 136-140.

[29] Kontroverze ekonomskog razvoja u tranziciji (Sofija Ađić), isto, str. 195. i 202.

do 2008. godine spoljni dug Srbije povećan je od 11 milijardi na oko 27 milijardi dolara,[30] a ako se uzmu prosečne stope za ceo period, tada je stopa ekonomskog rasta bila 4,6%, rast duga 13,5%, učešće obaveza iz duga (kamate i otplate) u domaćem proizvodu 6% i učešće duga u domaćem bruto proizvodu 68,2%.[31] A sredstva od rasprodaje društvene imovine su najvećim delom, pored otplate dugova, išla u društvenu i ličnu potrošnju, tako da je Srbija tokom tranzicije "krckala" ono što je prethodno decenijama stvarala.

Relativno beznačajan deo kredita i prihoda od rasprodaje društvene imovine je ulagan u proizvodnju, ne samo zbog favorizovanja potrošnje već i zbog ograničavajućih uslova za dobijanje inokredita, koji su za razvoj domaće privrede davani samo ukoliko je to odgovaralo stranim korporacijama, i to ugalvnom za podizanje privredne infrastrukture. Uslovi koje je Srbija preko MMF-a i Svetske banke morala da prihvati za dobijanje kredita su, pored ostalog: ukidanje zaštitnih carinskih tarifa i necarinskih barijera, što direktno ugrožava doamću privredu; ukidanje kontrole stranih ulaganja, što najavljuje prevlast strane privrede nad domaćom privredom; ukidanje kontrole cena, a uspostavlajnje kontrole zarada, što direktno pogađa životni standard radnog stanovništva; smanjenje izdataka za socijalne i zdravstvene službe, takođe na masovnu štetu građana; a iznad svega retrogradna privatizacija, koja urniše i unazađuje celu Srbiju.

Takvim uslovima kreditiranja, uprkos favorizovanja potrošnje još više je produbljena socijalno-ekonomska polarizacija Srbije. Na jednoj strani izdvaja se prebogati sloj rasipnika koji troši višetruko od prosečne potrošačke korpe, nasuprot ogromnoj masi bednika koji tonu ka dnu potrošačke korpe, padajući sve niže ispod održivog minimuma egzistencije, a da se i ne govori o sve brojnijoj armiji nezaposlenih koji ne znaju kuda će i šta će sa sobom i svojim porodom.

Zajedno s tim, produbljuje se i analogna koloniajlna polariazcija između Srbije i kolonizatorskih metropola. Ucenjivačkim inozaduživanjem Srbija je dovedena u nezavidnu ekonomsku poziciju zatvaranja domaće proizvodnje a otvaranja sopstvenog tržišta za inostranu proizvodnju, čime je izložena totalnom odlivu živog i finansijskog kapitala, kojim se srozava u apsolutno

---

[30] Prof. Dr jovan B. Dušanić, Bećarska ekonomija Tranzicija u Srbiji, Beogradska poslovna škola, Visoka škola strukovnih studija, Beograd. 2008, str. 11. i 12.

[31] Prof.dr Slobodan Komazec, Izgubljene bitke stabilizacije razvoja, izd. autora, štamparija Nauka i društvo, Beogard, 2008, str. 80.

siromaštvo, bez elementarnih mogućnosti sopstvenog razvoja. Nametnutim veštačkim održavanjem stabilnog kursa dinara otvara se domaće tržište za uvoz stranih roba a zatvara izvoz domaćih proizvoda; podstiče inozaduživanje uz astronomske kamate, i stimuliše finansijski transfer iz Srbije u inostranstvo.

Ali kolonijalne sile nameću Srbiji i po same sebe paradoksalnu politiku. Ekonomskim uslovljavanjima i političkim pritiscima utiču i na osvajanje domaćeg tržišta i na smanjivanje kupovne moći stanovništva, nudeći mu sve nekvalitetniju i sve skuplju robu. Tako se s ugrožavanjem održivosti proizvodnje ugrožava i održivost potrošnje, razvoja i samog života koji se žrtvuje održanju profita. Ali neće se ni profit održati jer su proizvodnja, potrošnja i život njegovi nezamenjivi izvori.

Kriza same proizvodnje povlači za sobom i krizu profita, koji svoje utočište sve više traži u prometu, pa i u privrednom i opštedruštvenom kriminalu i nemoralu, gde prelazi u bukvalno čovekomorstvo. To nedvosmisleno govori da se kapitalističko profiterstvo, kao oblik društvene reprodukcije, više ne može održati a da ne dovede u pitanje održanje samog društva, čoveka i čovečanstva.

II glava
NEPOSREDNI ODNOSI POTROŠAČA I PROIZVOĐAČA

Potrošnja i proizvodnja su generički organski povezane. Za ceo ljuski rod potrošnja je osnovni smisao proizvodnje, a proizvodnja neizostavni uslov potrošnje. "Potrošnja je u istini prva pobuda koja kreće čoveka na rad, na proizvodnju", i "ona treba da odlučuje šta će se i kako će se raditi u drugim privrednim oblastima".[32]

Da bi se to doslovno i ostvarilo, potrošnja i proizvodnja bi morale biti neporedno povezane i uslovljene. I "ako hoće da nađu put ka proizvodnji za potrošnju, krajnji cilj potrošača mora biti: sami proizvoditi za sebe", [33] bez posrednika i posredovanja. A tako je i od nastanka ljudskog roda većma i bilo. Na celoj Planeti, ljudi su vekovima i milenijumima radili sami za sebe i proizvode svog rada sami trošili.

Do prinudnog rada za druge dolazilo je sa zamenom samostalne proizvodnje eksploatatorskom proizvodnjom, kad su se vlasnici proizvodnih sredstava nametali kao eksploatatorski posrednici između eksploatisanih proizvođača i potrošača. Time je potrošač podvrgavan dvostrukoj eksploataciji: neposrednom otuđivanju njegovog rada u procesu eskploatatorske proizvodnje; i neekvivalentnom razmenom preko "slobodnog" tržišta.

To antigenetičko skretanje od neposrednog organskog povezivanja potrošnje i proizvodnje moralo je naići na odgovarajuće otpore generičke svesti i prakse. Nazivan ocem engleskog i celog savremenog zadrugarstva, Robert Oven je, kao alternativu kapitalističkom eksploatatorskom preduzetništvu, lansirao ideju integralnih zadružnih kolonija, u kojima bi, na osnovama kolektivne svojine, njihovi članovi sopstvenim sredstvima zajednički proizvodili, trošili i izdržavali se.

---

[32] Mihajlo Avramović, Privredni zadrugar, Savez nabavljačkih zadruga državnih službenika, Beograd, 1937, str 8. i 24.

[33] Dr Đems Piter Vorbas, Zadružna demokratija, izdanje i štampa Zadružne štamparije, Beograd, 1935, str. 265.

Shodno tome, Šarl Žid je skrajao planove neposredne proizvodnje na sopstvenim imanjima i farmama zadrugara, svega što im je potrebno. Mnoge potrošačke, nabavljačke i štedno-kreditne zadruge organizovale su tokom svog nastajanja sopstvenu proizvodnju, kao što su, ma primer, zadruge roždelskog tipa imale svoje pekare, kasapnice, krojačnice, obućarnice, a bavile su se i poljoprivrednom proizvodnjom. Ako nisu same stvarale svoje proizvodne pogone, potrošačke zadruge su udruživanjem gradile zajedničke radionice ili fabrike.

Ukoliko nisu organizovle sopstvenu proizvodnju, potrošačke zadruge su se, pojedinačno ili zajednički, snabdevale neposredno od proizvođača, zaobilazeći posrednički trgovinski lanac. Pošto je zajedničko snabdevanje unosnije, osnivane su zajedničke nabavljačke zadruge ili savezi, koji su udružene zadruge snabdevali svim neophodnim proizvodima, štiteći potrošače od raznih oblika profiterskog iskorišćavanja. "Glavna pobuna nabavljačkog zadrugarstva bila je uvek odbrana od preteranih cena, od falsifikovanja ili poturanja loših namirnica umesto dobrih, i od zakidanja na meri". Zato su i "roždelci gledali da izbegnu mnogo ruku kroz koje namirnice obično prolaze dok dospeju do potrošača".[34]

Poslovna saradnja potrošačkih i proizvođačkih zadruga u funkciji neposrednog povezivanja potrošnje i proizvodnje je od višestrukog obostranog interesa zadružno organizovanih potrošača i proizvođača. U tome je i osnovna komparativna prednost zadružnog organizovanja u odnosu na posredovanu i stihijnu tržišnu razmenu, gde su potrošači i proizvođači u stalnom, potencijalnom ili stvarnom, sukobu, i međusobno i sami sa sobom s obzirom da su i sami proizvođači i potrošači.

Ta protivrečnost organski se razrešava usklađivanjem proizvodnje i potrošnje putem zadružnog planiranja, što je jedan od osnovnih uslova trajne održivosti i potrošnje i proizvodnje. Neizostavna pretpostavka za to je da je osnovni cilj potrošnje i proizvodnje umesto profita održivi ljudski život potrošača i proizvođača, koji podrazumeva normalno i stalno napredujuće zadovoljavanje fizioloških i duhovnih potreba. I budući da "princip udruženog rada vodi sreći i blagostanju kako pojedinaca, tako i cjeline, zadruga-

[34] Mihajlo Avramović, isto, str. 68. I 69.

rstvo vjeruje da borbom protiv konkurencije i borbom za uklanjanje i ukidanje profita stvara čvrsto jamstvo za opći napredak čovječanstva".[35]

Kad je profit osnovni cilj društvene reprodukcije, njemu se podređuju i proizvodnja i potrošnja, s tendencijom dominiranja proizvodnje nad ukupnom potrošnjom, kao glavnim izvorom profita. A osnovni pokretač i regulator te tendencije jeste tržišna konkurencija, koja kao prirodna stihija deluje mimo volje proizvođača i potrošača, pa i samih profitera, koji propadaju ako joj se ne povinuju, dok su stalni dežurni gubitnici potrošači, s obzirom da gube i kada proizvode i kad nabavljaju potrebne proizvode. Zato je Robert Oven s pravom rekao da je "trka za zaradom najveće zlo čovečanstva", te da se zbog toga "konkurencija mora zameniti kooperacijom".[36]

Suprotno tome, kad je osnovni cilj društvene reprodukcije ljudski život, potrošnja i proizvonja se podređuju potrebama života, pri čemu se vrši njihovo plansko usklјađivanje tako da proizvodnja odgovara potrebama održive potrošnje, a potrošnja mogućnostima održive proizvodnje, predodređenim razvojem proizvodnih snaga (prirodnim uslovima i naučno tehnološkim progresom). To podrazumeva da se trošiti može koliko se proizvede, a proizvoditi koliko priroda i tehnologija omogućavaju, što je osnovni uslov održivosti potrošnje i proizvodnje.

Sa generičkog i društvenog stanovišta, potrošnja je generalno i trajno održiva ako zadovoljava dva osnovna uslova: optimalno zadovoljavanje životnih potreba celog stanovništva Planete; i životnih potreba sadašnjih i svih budućih generacija, što pretpostavlja odgovarajućiu održivost proizvodnje, kao determinišućeg činioca, bez kojeg se životne potrebe stanovništva zadovoljavati ne mogu. A održivost proizvodnje pretpostavlja: stalno podizanje društvene produktivnosti uz racionalno korišćenje prirodnih resursa; i pravednu raspodelu društvenog proizvoda, koja podrazumeva ukidanje klasne i svake druge međuljudske eksploatacije.

Glavni i teško rešivi problem održive potrošnje je upravo u neodrživoj proizvodnji. Savremeno eksploatatorsko društvo ne proizvodi radi života već radi profita, zagađujući i uništavajući i prirodu i ljudsku populaciju. "Naša

---

35 Miličević, navod Đuro Kuntarić, Zadrugarstvo, Naklada "Dobra štampa" , Slavonska Požega, 1939, str. 19.

36 Navod dr Gromoslava Mladenca, Istorija zadružnih doktrina, Savez nabavljačkih zadruga državnih službenika-Zadružna biblioteka, Beograd, 1935, str. 27.

vrsta preti da potroši i zagadi prirodni svet brzinom koja daleko prevazilazi noseći kapacitet planete". [37], trošeći i zagađujući, zarad beživotnog profita, i sopstveni život i život cele planete. Dok malobrojna svita nezajažljivih profitmahera zgrće ogromne profite, milijarde ljudi tavore u bedi, gladuju i umiru od gladi.

Da bi se život palnete Zemlje otržao, mora se, zbog ograničenih i neobnovljivih prirodnih resursa, maksimalno ekonomisati i proizvodnjom i potrošnjom. Ne može se potrošiti više nego što se proizvede, niti proizvesti koliko se može potrošiti. Zato zdrav ljudski razum upućuje na to da se ne proizvodi ništa što za normalan ljudski život nije nophodno, ni da se troši više nego što biološke potrebe ljudskog oragnizma iziskuju. Prekomerna proizvodnja i prekomerna potrošnja mogu samo ugrožavati njihovu tekuću i trajnu održivost.

Ali to je u neizbežnom sukobu sa profiterskom proizvodnjom, koju besomučna jurnajva za profitom gura u neprekidnu ekspanziju nezavisno, pa i kontra održivosti organske potrošnje. Zbog toga što je profit prevashodna ili čak jedina svrha, često se prekomerno proizvodi i ono što nije sasvim neophodno, a manje nešto što je potrebno, forsira se neracionalna i pomodarska proizvodnja luksuznih proizvoda, nedovoljno kvalitetna, zatrovana i nezdrava genetski modifikovana hrana, a ekološki nepodobnim tehnologijama zagađuje životna sredina. "Zagađenost našeg vazduha, naše vode i hrane, dramatično je porasla u naše doba, ali taj porast odvijao se korak po korak, pretvarajući svet u ekološku noćnu moru".[38]

Društvenoj zaštiti od svega toga suprotstavljaju se profitomani i njihove profiterske kompanije, koje u svoj jaram uprežu i državu i državne organizacije. "Kompanije nisu moralna bića. One postoje da bi donele novac svojim deoničarima", i njihovi "rukovodioci su plaćeni da ostvare maksimalnu vrednost deoničarskog udela i kvartalne dobiti, a ne da podržavaju opšte dobro". I "koristoljublje obično nalaže da se kompanije suprotstave vladinim ograničenjima",[39] u čemu sve više uspevaju jer su vlade pod njihovim sve dominantnijim uticajem. A takozavno "slobodno"

---

[37] Danijel Goleman, Ekološka inteligencija, Geopoetika izdavaštvo, Beograd, 2010, str. 37.

[38] Isto, str. 32.

[39] Isto, str. 173/4. i 170.

tržište zanemaruje cenu komercijalnog uništavanja ili potrošnju same prirode planetinog opšteg dobra."[40]

Kao glavnom sponom neodržive profitabilističke proizvodnje sa potrošnjom, preko "slobodnog" tržišta se ugrožava i održivost potrošnje, pod kojom se podrazumeva "korišćenje usluga i povezanih proizvoda koje odgovara osnovnim potrebama i donosi bolji kvalitet života istovremeno svodeći na najmanju moguću meru korišćenje prirodnih resura i toksičnih materijala kao i emisija otpada i zagađujućih materija tokom životnog ciklusa tako da se ne ugroze potrebe budućih generacija". I "da bi ostvarila svoj potencijal, doprinoseći ljudskom razvoju, potrošnja mora biti zajednička, jačajuća, društveno odgovorna i održiva".[41]

Profitabilistička proizvodnja, međutim, stalno produžuje i geometrijskom progresijom uvećava ekonomsku nejednakost, kao kobnu osnovu neodržive potrošnje. Ona je potrošače odavno polarizovala na presite i gladne, na gospodu i bednike, i to kako na nacionalnom, tako i na međunarodnom nivou. Uz prekomernu potrošnju eksploatatorskih klasa i razvijenih kolonijalnih sila je nedovoljna potrošnja ekspolatisanih klasa i nerazvijenih kolonija.

Sa kvantitavnom polarizacijom, polarizuje se i kvalitet neodržive potrošnje i proizvodnje. Skupi i kvalitetni proizvodi proizvode se praktično za imućnije, a jeftini i nedovoljno kvalitetni za siromašne potrošače. Da bi se proizvodni troškovi smanjili a profit što više povećao, za masovnu proizvodnju i potrošnju koriste se najjeftinije sirovine, razni aditivi, preterana upotreba veštačkog đubriva i pesticida, genetski modifikovana hrana i sve što donosi dobar profit, bez obzira na zdravstvene implikacije, čime se život potrošača faktički žrtvuje profitu. "Zbog vlastitih interesa, multinacionalne kompanije, koristeći ekonomsku moć doprinose da se održi upotreba proizvoda štetnih po zdravlje ljudi".[42]

Širok je diapazon iskorišćavanja potrošača u korist profita. Tu su, pored ostalog; uskraćivanje potrebnih i davanje lažnih informacija; razne nepoštene radnje, kao što su obmanjivanje i zakidanje na meri; oglašavanje prividne rasprodaje i prividno snižavanje cena; nedozvoljene reklame ili prikriavnje mana robe odnosno davanje netačnih podataka o robi; sužavanje

[40] Isto, str. 168.
[41] Održiva potrošnja, elaborat Pokreta potrošača, Beogard, str. 13.
[42] Miodrag Mićović, Zaštita prava potrošača, Pravni fakultet u Kragujevcu, Kragujevac, 2009, str. 52.

mogućnosti izbora robe; stvaranje veštačkih nestašica; prodaja proizvoda bez deklaracije i garancija; ponude nekvalitetnih i nehigijenskih roba kao i roba s nedostatkom ili opasnih po život i zdravlje; nepravične ugovorne odredbe i korišćenje tipskih ugovora bez sudelovanja potrošača u njihovom sastavlajnju. Neodrživa proizvodnja i neodrživa potrošnja imaju višestruko negativno dejstvo na prirodnu i društvenu sredinu. Sve je veće siromašenje prirodnih resursa, smanjivanje biodiverziteta i zagađivanje prirodne sredine, a društvo je zbog velikih ekonomskih šteta sve siromašnije i sa sve manjim marginalnim rastom opšeteg blagostanja. Uništavanjem održive proizvodnje i potrošnje sve to vodi uništavanju ljudskog roda i cele, pre svega žive i za život čoveka neophodbe prirode.

Za opstanak čoveka i čovečanstva drugog izlaza nema nego da se odrekne profiterske eksploatatorske proizvodnje i okrene održanju sopstvenog života. Goleman s pravom ističe da se "rđavo rukovanje slobodnog preduzetništva bilo kojim javnim resursom može sagledati kao neodrživo i etički neprihvatljivo, pa i kad se etički sudovi ostave po starni, postoji praktičan problem u ophođenju prema toj zloupotrebi: procena stvarne cene štete nanesene prirodi". [43]

Rešenje problema održive proizvodjnje, potrošnje i samog života je u daleko racionalnijem ekonomisanju životnim resursima, uz njihovo društveno pravednije korišćenje u svetskim razmerama. To, pored ostalog, podrazumeva: prvo, dematerijalizaciju ekonomske potrošnje, koja "znači smanjenje ukupnog uloga materijala i energije za bilo koji proizvod ili uslugu: i drugo, optimizaciju potrošnje, koja znači postavlajnje novih obrazaca potrošnje koji sami po sebi deluju u smislu ograničavanja prekomernog korišćenja resursa, dok promovišu dovoljno korišćenje resursa u zemljama u razvoju". [44]

Ti zahtevi se, međutim, ne mogu ispuniti u jednom profitabilistički orijentisanom i na profitabilističkim osnovama organizovanom društvu, kojim faktički upravlaju profitomani, naklonjeni, po prirodi samog profiterstva, profitonosnoj potrošnji svega postojećeg. Da bi se održalo u životu, čovečanstvo se mora doslovce celo, umesto profiterstvu, okrenuti samom životu, kao najvišem cilju, čijem ostvarivanju treba da služi i profit, a ne obratno. To podrazumeva solidarno i neposredno angažovanje celokupne, zadružno organizovane, svetske populacije na maksimalnom ekonomisanju svim

[43] Cit. rad, str. 168.

[44] Održiva potrošnja, isto, str. 16. I 18.

prirodnim i društvenim resursima, uz zamenu neobnovljivih resursa novim životnim resursima.

Celokupna zadružno organizovana proizvodnja morala bi se zasnivati na životnim potrebama i objektivnim (prirodnim i tehnološkim) mogućnostima njihovog zadovoljavanja, uz neizostavno vođenje računa o tekućim i predstojećim potrebama društva, sadašnjih i budućih generacija. To se može postizati samo naučno zasnovanim planiranjem, uz neposredno, ravnopravno i zajedničko odlučivanje svih društveno odgovornih proizvođača i potrošača, spremnih da podjednako brinu i jedni o drugima i o sopstvenom potomstvu.

Postojano i trajno održanje života, čoveka i čovečanstva podrazumeva tekuće, sredoročno i dugoročno, perspektivno planiranje proizvodnje i potrošnje s objektivnim usklađivanjem svih činilaca njihovog održanja. U njegovom središtu moralo bi biti izražavanje zajedničkih i razrešavanje protivrečnih kratkoročnih i dugoročnih, pojedinačnih, posebnih i opstih interesa potrošača i proizvođača na lokalnom, nacionalnom i planetarnom nivou, što je moguće samo uz doslednu primenu zadružnih vrednosti i načela.

Kad su osnovni i neposredni nosioci zadružnog planiranja sami potrošači i proizvođači, ono se vrši putem zajedničkog planiranja njihovih zadružnih organizacija, zasnovanom na izražavanju zajedničkih i usaglašavanju posebnih interesa udruženih zadrugara. U tome je suštinska prednost zadružnog planiranja i zadružne reprodukcije društva, u odnosu na otuđenu privatnokapitalističku i etatističku reporodukciju, pri kojoj potrošači i neposredni proizvođači nisu sistemski zaštićeni.

Polazeći od toga, zakonodavstvo Srbije[45] sankcioniše prava, obaveze i odgovornosti potrošača, proizvođača, prometnika i drugih tržišnih subjekata, kojim se, pored ostalog, propisuje: pošteno poslovanje i postupanje prema potrošaču i poslovnim partnerima; proizvodnja, promet i distribucija bezbednih i zdravih proizvoda; zadovoljavajući kvalitet i higijena hrane; pružanje relevantnih informacija o proizvodima i uslugama; propratna dokumentacija i deklaracija; te stabilnost snabdevanja potrošača; a zabranjuje: proizvodnja i promet obmanjujućih, nebezbednih i nezdravih proizvoda; nepoštena tržišna utakmica; prometne špekulacije; nepravični ugovori; i nepoštovanje ugovora.

---

[45] Zakon o zaštiti potrošača, Zakon o opštoj bezbednosti proizvoda, Zakon o trgovini, Zakon o bezbednosti hrane

Državnim propisima, država uglavnom samu sebe promoviše kao glavnog zaštitnika potrošača i neposrednih proizvođača, ignorišući njihovo neposredno, pa i zadružno samoorganizovanje i samozaštitu. Udruženjima potrošača, kao i sindikatima, dopušta se samo predstavničko angažovanje u posredovanju između potrošača i države, dok se zadružno samoorganizovanje i samozaštita i ne spominju u zakonima o zaštiti potrošača. To je i razumljivo s obzirom da na aktivnosti države i sprovođenje njenih propisa odlučujuće utiču profitomanski vlasnici privatnog i državnog kapitala, kojima sistemska samozaštita potrošača ne odgovara, zbog čega je državna zaštita potrošača, kao i neposrednih proizvođača, praktično marginalizovana u odnosu na zaštitu profiterstva.

Svi nerešivi problemi državne zaštite rešavaju se samozaštitom potrošača kroz neposednu saradnju sa samoorganizovanim proizvođačima. Suština rešenja je u zadružnom zaobilaženju eksploatatorske profitomanije, od koje i potiču svi problemi društvene zaštite najvećeg dela, uglavnom eksploatisane svetske populacije, što podrazumeva i tansforamciju otuđene birokratske države u istinski demokratsku zadružnu organizaciju društva.

Neposredni promet proizvoda i usluga obezbeđuje putem planskog usklađivanja potrošnje i proizvodnje poslovnu stabilnost potrošačkih i proizvođačkih zadruga: na jednoj strani osigurano trajno snabdevanje, a na drugoj strani obezbeđen plasman poznatim i stalnim potrošačima i korisnicima. Potrošači mogu naručivati i ugovarati sve što im je potrebno, a proizvođači proizvoditi samo ono što mogu sigurno plasirati, čime se potstiče maksimalna racionalnost kakvu stihijsko tržište ne moze obezbediti stvarajući povremene nestašice ili krize hiperprodukcije.

Pri neposrednom prometu, potrošačke i proizvođačke zadruge mogu unapred ugovarati asortiman, kvalitet, obim, cene, isporuke, rokove i druge uslove proizvodnje i prometa. Time se potrošač obezbeđuje od mogućih negativnosti neorganizovanog tržišta, kao što su: sužene mogućnosti slobodnog izbora, poturanje nekvalitetnih, nebezbednih, obmanjujućih, nehigijenskih, zdravstveno štetnih i drugih nezadovoljavajućih proizvoda. Obezbeđuje se i od raznih obmanjivanja, nepoštenih radnji, prometnih malverzacija i prevara. Na drugoj strani, proizvođač poštovanjem ugovornih obaveza stiče kredibilitet solidnog i poštenog proizvođača, a time i trajno poverenje poslovnih partnera sa kojima može računati na trajnu i dugoročnu saradnju.

Rukovodeći se zadružnim vrednostima i načelima, potrošači i neposredni proizvođači će u međusobnim poslovnim odnosima negovati najviši poslovni moral i bez spoljašnje prinude dosledno primenjivati pozitivne pravne norme u duhu prave generičke pravednosti. Pošto su osnovni životni interesi zadrugara podudarni, oni neće i ne mogu jedni druge obmanjivati, varati, zaključivati dvosmislene ili prevarne ugovore, ni jedni drugima nametati svoje sebične interese.

Reprodukciona zadružna saradnja potrošača i proizvođača jedina je prava uzdanica ekološke održivosti proizvodnje, potrošnje, društveno-ekonomskog razvoja i samog života. Pošto je društvena solidarnost generička osnovica zadrugastva, zadrugari neće živeti i raditi samo za sebe već i jedni za druge i za zajedničko potomstvo, niti će živeti od danas do sutra nego će brinuti i za budućnost. Brinući prvenstveno za život, umesto za profit, oni će racionalno i štedljivo koristiti životne resurse, štititi životnu sredinu od zagađenja, proizvoditi i upotrebljavati zdrave i životno bezbedne proizvode.

Bez obzira da li i sami proizvode ili kupuju gotove proizvode, zadružno organizovani potrošači moraju brinuti o održivoj proizvodnji isto kao i proizvođači o održivoj potrošnji. Ta briga može se ostvarivati kako preko zajedničkog planiranja i ugovaranja, tako i putem zajedničkih ulaganja ili delimičnog odnosno povremenog učešća u obavljanju određenih poslova proizvodnih organizacija, kao što su sezonski i drugi pomoćni radovi, uz odgovarajuću naknadu u naturi ili novcu.

Zajednička ulaganja, u naturi novcu ili radu, podrazumevaju i zajedničko upravlajnje proizvođačkom zadrugom putem neposrednog odlučivanja o planiranju, poslovanju, rspoređivanju i raspodeli ukupnog prihoda, dohotka i dobiti, kao i o drugim pitanjima od zajedničkog interesa. Ako su ulaganja individualna, individualno je i učešće u upravlajnju, ili je kolektivno kad su ulagači potrošačke zadruge.

U poljoprivrednu zadrugu, na primer, svaki pojedini potrošač može ulagati nepokretnu ili pokretnu imovinu (zemlju, poslovni prostor, mehanizaciju, proizvodnu životinjsku ili biljnu snagu, odnosno sirovinu i dr.), finansijska sredstva ili svoju radnu snagu, po svakom pojedinačnom ulogu ili po višestrukim ulaganjima sticati status zadrugara, sa punim pravom učešća u raspodeli ostvarenog dohotka, odnosno dobiti, prema svom individualnom doprinosu ukupnom radu i poslovanju zadruge. Druga mogućnost je da udruženi potrošači svoja sredstva preko potrošačkih zadruga kolektivno ulažu u poljoprivrednu zadrugu, uz neposredno učešće u ostvarenom proizvodu prema doprinosu njegovom stavranju.

Demokratsko jedinstvo potrošačkih i proizvođačkih zadruga može se ostvariti ravnopravnom saradnjom dve ili više zadruga udruženih u poslovne saveze, sa zajedničkim, demokartski izabranim i konstituisanim organima upravljanja. U oba slučaja, o suštinskim pitanjima od zajedničkog interesa morali bi ličnim izjašnjavanjem odlučivati svi udruženi zadrugari, sa neizostavnom obavezom izvršavanja odluka za koje se izjasni većina zadrugara.

Kao što potrošačke i proizvođačke zadruge deluju kroz demokratsko zajedništvo, tako bi i uslužne zadruge morale demokratski delovati kroz neposredno zajedništvo potpuno ravnopravnih davalaca i korisnika usluga, udruženih u jedinstvene zadruge, sa mogućnošću samostalnog grupnog izražavanja sopstvenih interesa svake od udruzenih strana. Osnovna pitanja zajedničkog odlučivanja morala bi biti: vrsta, obim, kvalitet, cene, uslovi, kao i drugi međusobni odnosi, prava i ovbaveze u vršenju ugovorenih usluga.

U uslužnim organizacijama uspostavlaju se ne samo neposredni odnosi već se može vršiti i neposredna razmena između udruženih zadrugara. Svaki zadrugar može istovremeno biti i davalac i korisnik usluga ukoliko svoje usluge razmenjuje za protivusluge drugih zadrugara, čime se stvara jedinstven reprodukcioni sistem uzajamnog obsluživanja, bez otuđujućeg eksploatatorskog posredovanja.

Uz proizvođačko i potrošačko zadugarstvo, uslužno zadrugarstvo može pokriti celu društvenu reprodukciju Srbije, kao suštinski oblik generičkog samoorganizovanja i samodelovanja cele populacije. Sve javne usluge i društvene delatnosti, društvena samozaštita i opštenarodna odbrana mogle bi se, i radi održivog razvoja društva morale organizovati i delovati u skladu sa zadružnim vrednostima i po zadružnim načelima.

Kao i svi potrošači u potrošačke zadruge, tako bi se i svi stanovnici zemaljske kugle mogli organizovati u stambene zadruge. Stanovnici, investitori, kao i korisnici usluga, i izvršioci radova kao davaoci usluga, morali bi biti potpuno ravnopravni partneri, koji zajednički odlučuju o svim uslovima izgradnje i održavanja od zajedničkog interesa.

Ravnopravni zadružni odnosi davalaca i korisnika usluga mogli bi se uspostaviti u svim komunalnim, zdravstvenim, obrazovnim, naučnoistraživačkim, komunikacionim i administrativnim delatnostima. U samoupravnoj praksi SFRJ bilo je dosta uspešnih pokušaja da se u suštini zadružni odnosi razviju i između građana i službe unutrašnjih poslova, a bilo bi celishodno da se takvi odnosi uspostave i između građana i profesionalnih službi narodne odbrane.

III glava
ZADRUŽNA RAZMENA I RASPODELA

Neizostavni uslov stvarne ravnoparvnosti potrošača i proizvođača, korisnika i davalaca usluga je ekvivalentna razmena i raspodela, koja predstavlja samu suštinu zadružne, to jest stvarne društvene demokratije. Samo na toj osnovi mogu se među zadrugarima i zadružnim organizacijama uspostavljati neposredni i trajno održivi odnosi, jer niko svojom voljom ne prihvata neravnopravne odnose, iza kojih se skrivaju međusobne obmane, prevare i eksploatacija. Ekvivalentna razmena i raspodela je zapravo u tome da svako dobije koliko daje, tako da se niko ne okorišćava na račun drugih nego kroz zamenu nečeg što ima dobije nešto što nema.

Zadružna razmena se od kapitalističkog tobože "slobodnog" tržišta ne razlikuje po tome što je netržišna i neslobodna, već što je ekvivalentna dok je kapitalistička neekvivalentna i upravo zbog toga neslobodna. Štaviše, ona je zbog ekvivalentnosti i izvornog tržišta i ekstraslobodna. Prvobitna tržišna razmena je upravo ekvivalentna jer su se, dok još nije bilo raznih monopola, razmenjivale robe jednakih vrednosti. A i samo je ekvivalentna razmena slobodna pošto pri njoj svi dobijaju a niko ne gubi.

Neposrednost i ekvivalentnost su zapravo suština tržišne razmene, koja je u svom izvornom obliku tako i ispoljavana dok su ljudi još živeli u prvobitnim zadružnim zajednicama. Klasnom eksploatacijom je ona skrenuta sa svog generičkog puta, kad je svojinskim monopolom, političkim uticajem, administrativnim merama i drugim klasnim nejednakostima pretvorena u neekvivalentnu razmenu sa raznim oblicima posredovanja i društvene prinude. Sa prevazilaženjem klasne eksploatacije i tržišne stihije, tržišna razmena se u savremenom zarugarstvu ponovo počinje ispoljavati u svom generičkom obliku.

Dok se na stihijskom tržistu ekvivalentna razmena, poput prirodne stihije, ostvaruje uglavnom u proseku, na organizovanom zadružnom tržištu mora se ostvarivati u svakom pojedinom slučaju da bi se među zadrugarima i zadružnim organizacijama izbeglo stihijno prelivanje dohotka ili namerna eksploatacija. To podrazumeva da se među zadružno organizovanim potrošačima i proizvođačima, korisnicima i davaocima usluga uvek razmenjuju robe jednakih ekonomskih vrednosti, u koje je uložen podjednak društveno potreban živi i opredmećeni rad.

Neizostavni uslov takve razmene je naučna organizacija rada, koja se u razvijenim kapitalističkim zemlajma već decenijama i stolećima upotrebljava i zloupotrebljava. Naučno zasnovanim normativima i standardima utvrđuju se društveno potrebna i ekonomski opravdana ulaganja (živog i opredmećenog rada) za proizvodnju određenih proizvoda i usluga, na osnovu kojih se planira i organizuje proizvodnja, vrši raspoređivanje i raspodela ostvarenog prihoda i dohotka, unapređuju ekonomija rada i poslovanja, te pokreće i usmerava cela reprodukcija.

Uprkos tome, u zadrugarstvu Srbije naučna organizacija rada se i ne spominje, zbog čega, se pored ostalog, ni zadružna načela ne primenjuju. Zato zadružne organizacije rade i posluju staromodno, neplanomerno i nedovoljno organizovano, voluntaristički i nedemokratski. I na tržište izlaze neorganizovano, od slučaja do slučaja, bez uzpostavljanja trajne i dugoročne saradnje, oslanjajući se ugalvnom na trenutačne kupo-prodajne odnose sa poslovnim partnerima, dok tipičnih zadružnih odnosa praktično i nema.

Osnovu ekvivalentne razmene i raspodele među zadružnim organizacijama čini ekvivalentna razmena i raspodela među zadrugarima, koja se naučnom organizacijom rada uređuje unutar zadruge. Tu osnovu čine konkretni proizvodi i usluge, kao rezultat radnog procesa, čiji su osnovni činioci živi rad, kojim se stvara nova vrednost, i proizvodna sredstva, čija se vrednost prenosi na novi proizvod.

Naučnom analizom utvrđuje se veličina novostvorene i prenesene vrednosti, čiji zbir čini vrednost novog proizvoda, koja je određena količinom živog i opredmećenog rada uloženog u njegovu proizvodnju. Uloženi živi rad predstavlja svrsishodno utrošena radna energija proizvođača, a minuli rad aktivnost uloženu u radno osposobljavanje proizvođača i rad uložen u proizvodnju proizvodnih sredstava.

Za osnovno merilo rada uzima se društveno potrebno vreme koje, pod normalnim uslovima, iziskuje proizvodnja određenog proizvoda standardnog kvaliteta. A društveno potrebno vreme je društveni prosek individualnih radnih vremena, koji na stihijinom tržištu iza leđa proizvođača nastaje spontano, a pri organizovanom tržištu, utvrđuje se naučnim istraživanjem.

Društveno potrebno radno vreme označava se kao tehnološki normativ za merenje društveno svrsishodnog i ekonomski opravdanog utroška živog rada, koji se samo slučajno može podudariti sa nečijim individualnim utroškom, a praktično predstavlja zamišljenu osu oko koje individualni utrošci osciliraju. U funkciji ekvivalentne razmene i raspodele, ono se priznaje za objektivno merilo stvarno utrošenog rada i doprinosa stvaranju nove vrednosti. Pa ako su dva različita radnika proizvela dva potpuno indentična proizvoda, njihov stvarni doprinos je podjednak i kad je jedan utrošio nekoliko puta više radnog vremena nego drugi.

Aktivnost koju treba uložiti u radno osposobljavanje proizvođača predodređuje se društvenim definisanjem vrsta i vremena školovanja, kao i dužinom radnog iskustva potrebnog da bi se neki posao samostalno i kvalitetno obavljajo. Ona je u direktnoj zavisnosti od stvarne složenosti posla, čiji se koeficijent, zajedno sa vremenom trajanja tekućeg rada, može uzimati za objektivni činilac uloženog rada, odnosno radnog doprinosa. Time se određuje osnovica društveno potrebnog rada za proizvodnju određenog proizvoda, koja se simbolički može predstaviti kao : R= Dpv.Sr, gde R označava uloženi rad, Dpv- društveno potrebno vreme njegovog tekućeg trajanja, a Sr njegovu složenost. Pa ako je, na primer, društveno potrebno vreme za proizvodnju jedinice nekog proizvoda 10 časova, a koeficijent složenosti 3, onda je: R= 10 . 3=30 časova prostog rada, kao zajedničkog imenitelja svih radova, pomoću kojeg se složeni radovi svode na prost rad.

Koeficijent složenosti rada je, u korelaciji sa vremenom radnog osbosobljavanja, jednak količniku između vremena osposobljavanja za određeni složeni rad i vremena osposobljavanja za najprostiji rad, tako da je: KS = Vo Sr/Vo Pr . Pa ako je, na primer, vreme osposobljavanja za obavaljanje naučnoistraživačkog rada 25 godina (8-osmogodišnje škole, 4-srednje škole, 4-fakulteta, 2-magistrature, 3-doktorata, 4-radnog ikustva), a za prost rad 4 godine (samo 4 godine škole), onda je koeficijent složenosti naučnoistraživačkog rada: Ks = 25/4 = 6,1.

Osnovica društveno potrebnog rada mora se, međutim, korigovati koeficijentima: kvaliteta proizvoda; utroška opredmećenog rada; i objektivnih uslova rada: Bez toga bi dolazilo do nedopustivih odstupanja od objektivnog utvrđivanja društveno potrebnog vremena i stvarnog doprinosa stvaranju nove vrednosti, sa suštinskim narušavanjem zadružnih vrednosti i načela.

Pošto je kvalitet neizostavni uslov svrsishodne upotrebe proizvoda, on je od sudbonosnog značaja za njegovo upotrebno i ekonomsko vrednovanje, pa i za tržišnu i bilo kakvu prometnu realizaciju, bez čega se ne može uzimati u obzir kao predmet ekvivalentne razmene i raspodele. Ukoliko su, međutim, odstupanja od standarizovanog kvaliteta društveno-ekonomski svrsishodna i prihvatljiva, to se mora odraziti na korigovanje osnovice društveno potrebnog rada tako da se ona uvećava ili smanjuje srazmerno odstupanju od standarda, odnosno od društveno potrebnog vremena koje odgovara standardnom kvalitetu.

Korekcija koeficijentom utroška opredmećenog rada podrazumeva utvrđene standarde njegovog društveno celishodnog i ekonomski opravdanog korišćenja tako da se uz održivi razvoj, proizvodnju i potrošnju postižu optimalni ekonomski efekti putem objektivno mogućih a subjektivno maksimalnih ušteda. U toj je funkciji uvećanje osnovice srazmerno uštedama, a umanjivanje srazmerno rasipanju u odnosu na standarde. Bez toga bi se prekomernim trošenjem narušavala ekvivalentna razmena i ugrožavao održivi razvoj.

Do toga bi dolazilo i bez korigovanja osnovice objektivnim uslovima rada i globalne reprodukcije, jer bi svi koji su u povoljnijim uslovima bili povlašćeni u odnosu na hendikepirane nepovoljnijim uslovima. Sasvim je evidentno da je proizvođač koji proizvodi pod nepovoljnim prirodnim uslovima, hendikepiran kao i prometnik koji promet obavlja na slabo prometnom mestu, zbog čega je poravnanje nejednakih uslova rada i privređivanja odgovarajućim korekcijama neophodno da bi se postizanjem ravnopravnosti obezbeđivala ekvivalentna razmena i raspodela.

Sa navedenim neophodnim korekcijama, obrazac društveno potrebnog rada bi, prema tome, glasio: R = Dpv Sr x Kp x Kor x Kur, gde Kp označava kvalitet proizvoda, Kor korišćenje opredmećenog rada, i Kur uslove rada. Praktična primena obrasca uslovljena je promenom normativa i standarda, diktiranom zahtevima kvaliteta, tehnološkim inovacijama i objektivnim prirodnim i društvenim uslovima.

Da bi se obezbedila ekvivalentna razmena i raspodela, mora se pored živog rada standardizovati i utrošak opredmećenog (sredstava i predmeta) rada, tako da se stvarna ekonomska vrednost proizvoda u celini konstituiše na osnovu društveno potrebnih a ne individualnih utrošaka. To podrazumeva da se i prenesena i novostvorena vrednost proizvoda objektivno zasnivaju na ekonomskom umesto na troškovnom principu kako se čini u troškovnoj (primerice etatističkoj) kvaziekonomiji. Po tome bi se fundamentalna osnovica ekonomske vrednosti proizvoda simbolički mogla izraziti sa: Vp = Dpžr + Dpor, odnosno Dp (žr +or).

Osnovu standardizacije opredmećenog rada čini standardizovanje korišćenja: osnovnih sredstava, sirovina, reprodukcionog materijala i pogonske energije, a sastoji se u utvrđivanju racionalnog i ekonomski opravdanog korišćenja. Manji utrošak znači prebačaj, a veći podbačaj standarda, što se automatski odražava na odnose u razmeni i raspodeli tako da svako dobije prema stvarnom doprinosu: veća ušteda donosi veći dobitak baš kao da svako radi sam iako radi i za druge.

To je neizostavni uslov da se doslednom primenom zadružnih vrednosti i načela prevaziđe sistemska i sistematska eksploatacija i ustanovi ravnopravna saradnja između potrošača i proizvođača, te korisnika i davalaca usluga. Da bi bile podjednako prihvatane, kao izraz obostranog interesa, prometne cene proizvoda i usluga moraju odgovarati proizvođačkim cenama, bez nezasluženih profita na štetu proizvođača i potrošača. To podrzumeva da cena koju plaća krajnji potrošač odgovara društveno-ekonomski opravdanim cenama neposrednih proizvođača umesto troškovnim i profiterskim kalkulacijama.

Radi toga, potrebno je da potrošači i proizvođači, korisnici i davaoci usluga neposredno i zajednički odlučuju ne proizvoljno o samim cenama već i o društveno-ekonomskim kriterijumima, osnovama i merilima njihovog formiranja. Objektivnu osnovu za to pruža zapravo nepristrasna naučna organizacija rada sa svim za to neophodnim elementima što predpostavlja i odgovarajuću organizaciju potrošnje, neposredno povezane sa naučnom organizacijom rada.

Najpouzdanija garancija uspostavljanja i održavanja ekvivalentne razmene je, međutim, obostrani odnosno zajednički interes potrošača i neposrednih proizvođača, korisnika i davalaca usluga, bez čijeg ostvarivanja ne može biti održive proizvodnje i potrošnje. Zadružno organizovani potrošači i proizvođači su sposobni da zajednički razrešavaju sve protivrečnosti svojih interesa i pronalaze najbolja rešenja za njihovo ostvarivanje.

Ali eksterna ekvivalentna razmena proizvoda rada je neostvariva bez ekvivalentne interne razmene samog rada, koja se vrši raspodelom prema radnom doprinosu. Udruživnjem svog rada zadrugari ne razmenjuju opredmećeni nego živi rad, i to kako u različitom, tako i u istom obliku. Karakteristični primeri iz srbijanske tradicije su ortakluk i pozajmica, pri kojim je živi rad razmenjivan upravo njegovim udruživanjem. Da bi zajednički obavili setvu, komšije su po jednog svog vola uprezale u jedan jaram orući dan za dan jedan drugome. Pri pozajmici se žela pšenica i okopavao kukuruz sa podjednakim brojem žetelaca i kopača kod jednog i drugog domaćina.

Pri tome je dosledno sprovođena ekvivalentna razmena jednakih količina rada, iste ili različite složenosti. Tako su dva radna dana dečijeg rada razmenjivana za jedan dan odraslog radnika, a jedan dan majstora za dva dana "prostaka". I to je rađeno po ustaljenom iskustvu i praksi, bez pisanih regula i zakonodavne regulative, i shvatano kao normalna stvar kojoj se niko nije suprotstavljao.

Nema suštinske razlike ni kada se udruženi živi i opredmećeni rad prema individualnom doprinosu razmenjuje za zajednički proizvod, u naturalnom ili novčanom obliku. Od zajedničkog kolača svako otkida toliko koliko je doprineo njegovom stvaranju, što bi kvantitativno bilo jednako kolačiću koji bi sam za sebe proizveo. Ali pošto se radi o zajedničkom proizvodu, niko ne može unapred znati koliki će mu njegov kvantitativni deo pripasti dok se ne proizvede i razmenom ne realizuje ceo proizvod.

Zato se individualno i grupno učešće u raspodeli zajedničkog proizvoda mora, na osnovu doprinosa njegovom stvaranju, normirati i izražavati u relativnim odnosima, da bi se oni tek nakon njegove realizacije kvantifikovali. Pa ako je realizovani proizvod 100, a relativni doprinos jednog proizvođača 5%, onda je nejgov kvantitativni udeo 5 naturalnih ili novčanih jedinica. Osnovu ekvivalentnosti ne čini jednako apsolutno nego jednako relativno učešće u raspodeli, pa će samo oni koji imaju jednako relativno, imati i jednako apsolutno učešće. Zadružna raspodela se ne vrši prema fizičkom nego prema radnom identitetu zadrugara, i ne prema njegovim željama i poterbama već prema njegovom radnom doprinosu, kao što je odavno rečeno da je čovek u suštini ono što su njegova dela.

Ako zadrugar udružuje samo živi rad, on na osnovu svog doprinosa učestvuje samo u raspodeli ostvarenog dohotka zadruge, po obrascu: R = Dvp x Sr x Kk x Kor x Kur, pri čemu se R izražava brojem ostavrenih društveno potrebnih časova, označenih bodovima ili poenima, čija se apsolutna vrednost izkazuje količnikom Dz/Rd, gde Dz ozančava dohodak zadruge, a Rd individualni radbni doprinos zadrugara njegovom ostvarivanju. Tako ekvivalentna raspodela dohotka treba da se vrši uvek kad se učešće u njegovom sticanju ostavruje radnim doprinosom.

Kada se sticanju dohotka zadruge doprinosi kupovinom robe ili korišćenjem usluga, ekvivalentna raspodela vrši se na osnovu vrednosti robe, odnosno usluga. Ali i tu se u suštini radi o radnom doprinosu pod pretpostavkom da su potrošači i korisnici usluga novac kojim robe i usluge plaćaju stekli svojim radom, što je inače, naročito u zadrugarstvu, prevashodni slučaj. U praksi je postalo tradicionalno učešće kupaca robe i korisnika usluga u podeli ostavarene dobiti putem ristorna, dok nabavljači, distributeri, odnosno prodavci i davaoci usluga lična primanja treba da ostvaruju na osnovu radnog doprinosa.

Zadugari koji udružuju samo sredstva (novac, zemlju, poslovni prostor, mehanizaciju i dr.) u raspodeli dohotka zadruge treba da sudeluju na osnovu doprinosa koji njihovim angažovanjem daju radu i poslovanju zadruge. A osnovna merila doprinosa treba da su vrednost i stepen korišćenja angažovanih sredstava u odnosu na doprinos živim radom. Kamatu i rentu treba zameniti učešćem u ostvarenoj dobiti zadruge, koje podrazumeva zajednički rizik i varijabilnu dobit vlasnika udruženih sredstava, koji ravnopravno s ostalim zadrugarima učestvuje u odlučivanju o njihovom korišćenju i svim ostvarenim efektima.

Vrednost udruženih sredstava treba da se meri društveno potrebnim radom uloženim u njihovo sticanje ili prosekom dugoročnog kretanja njihovih tržišnih cena, kroz koji se , u krajnjoj liniji, društveno potrebni rad spontano izražava. Stepen korišćenja udruženih sredstava objektivno je određen njihovim radnim kapacitetom, a subjektivno poslovnom politikom zadruge, u čijem vođenju vlasnici sredstava treba punopravno da sudeluju, što se, pored ostalog, uređuje i ugovorom o udruživanju.

Kad se udružuju rad i sredstva, udružioci raspoređuju ukupan prihod prema doprinosu živim i opredmećenim radom njegovom ostvarivanju. Za osnovu doprinosa opredmećenim radom ne uzima se tekuće troškovno, već društveno racionalno i ekonomski opravdano korišćenje sredstava, utvrđeno tehnološko-ekonomskim normativima i standardima, kojim se korisnici motivišu za što racionalnije i ekonomičnije korišćenje.

Kako se uređuje među zadrugarima, tako ekvivalentna raspodela treba da se uređuje i među zadružnim oragnizacijama. Zajedničkim radom i poslovanjem udružene zadruge ostvaruju zajednički prihod, koji treba da raspoređuju prema doprinosu uloženim živim i opredmećenim radom, po normativima i standardima koje zajednički utvrđuju, usvajaju i sprovode. Da bi se ostvarivala na jednom nivou, ekvivalenta razmena i raspodela mora se ostvarivati na svim nivoima u sistemu zadružnog organizovanja.

Zbog sudbononog značaja za trajno održanje čovečanstva, može se očekivati da će se ekvivalentna razmena i raspodela sve više širiti i prerasti u globalni planetarni sistem. Najveća garancija za to je snažna generička težnja za samim održanjem ljudskog roda, koja je i pogonska snaga njegovog slobodarskog stremljenja i neumoljiva nužnost njegovog opstanka, i za to nije neophodna neka nasilna društvena revolucija pošto je revolucionarnost imanentna samoj ekvivalentnoj razmeni.

IV glava
ZADRUŽNA EKONOMIJA

Ekvivalentna razmena je osnova zadružne ekonomije, kao što je neekvivalentna razmena osnova kapitalističke ekonomije, koja je u funkciji gomilanja profita, dok je ekvivalentna razmena u funkciji održanja života. Pa dok je na jednoj strani profit pretvoren u osnovni smisao života, na drugoj strani život postaje osnovni smisao profita. I dok kapitalistička ekonomija predstavlja zlokobnu stranputicu u razvoju ljudskog društva, "otkako postoji čovečanstvo, postoje i oblici zajedničke ekonomije, koji se manje ili više približavaju obliku zadrugarstva".[46]

Najracionalnija u službi profita, kapitalistička ekonomija je najneracionalnija u korišćenju ljudskog života i prirode, koje neštedimice i nemilosrdno troši i razara. Od nastanka čovečanstva, više je ljudskih bića, uglavnom zbog profita, umrlo neprirodnom nego prirodnom smrću, a uništena je i za ljudski život najnasušnija priroda, koja se "nalazi u komi, jer ju je industrijska civilizacija ozbiljno zatrovala a potrošačko društvo iscedilo do poslednje kapi".[47]

U odnosu na egoističnost profitne ekonomije, generička prednost zadružne ekonomije je u njenoj altruističnosti, kao ključnoj odrednici ekvivalentne razmene. Dok profiteri u sopstvenu korist ekonomišu i na tuđu štetu, zadrugari ekonomišu u opštu korist, ne oštećujući nikoga. Profiterska ekonomija je fisionistička i razaračka, a zadružna fuzionistička i graditeljska. Prva se zasniva na opštem ratu svakog protiv svih i svih protiv svakog, a druga na saradnji svakog sa svima i svih sa svakim.

Zajedništvo zadružne ekonomije proističe iz ekonomske međuzavisnosti u ostvarivanju ekonomskih interesa zadrugara. A glavni motiv zajedništva je što se zajedničkim radom i saradnjom mogu ostvariti interesi koje je nemoguće ostvariti individualno ili se to može postići sa većim uštedama i višom

---

[46] Gromoslav Mladenac, cit.rad, str. 13.
[47] Eduardo Galeano, Biti kao oni- kultura mira i neokolonijalizam, Gutembergova galaksija, Beograd, 1996, str. 116.

produktivnošću. Ceo ekonomski razvoj ljudskog društva počiva upravo na sve tešnjem povezivanju proizvodnih snaga i ekonomskih činilaca.

Ekvivalentna zadružna razmena je zapravo najmoćnija pokretačka snaga koja sve stvaralačke i proizvođačke snage društva pokreće na stalno unapređivanje opšte društvene ekonomije. Klasnom eksploatacijom je uništena ekonomska motivacija eksploatisanih proizvođačkih klasa, a sužena stvaralačka delatnost stavljena u službu same eksploatacije, čime je praktično blokiran svestrani društveno-ekonomski razvoj u funkciji opštedruštvenog progresa.

Zaobilaženjem i prevazilaženjem klasne eksploatacije zadrugarstvo unosi opštu ekonomsku motivaciju u celu društvenu reprodukciju. Kada se kroz ekvivalentnu razmenu proizvod ne otuđuje od proizvođača, svako je motivisan da što više proizvodi i proizvodnim sredstvima maksimalno ekonomiše. A u kolektivnoj zadružnoj proizvodnji lična motivacija prerasta u kolektivnu motivaciju, pri kojoj svaki zadrugar brine o unapređenju ekonomije celog kolektiva, s obzirom da od toga zavisi i ostvarivanje njegovih ličnih interesa.

Raspodelom prema radnom doprinosu povećava se individualna, a time i kolektivna produktivnost, utoliko više ukoliko se ona doslednije ostvaruje. Nedoslednosti se javljaju pri narušavanju principa ekvivalentnosti, naročito kad se zanemaruju kvalitet proizvoda, korišćenje proizvodnih sredstava i objektivni uslovi rada, pri čemu se mogu i anulirati proizvodni efekti. Ali čak i pri nedovoljno doslednom ostvarivanju ekvivalentne raspodele, samoupravne organizacije udruženog rada koje su je praktikovale postizale su znatan rast produktivnosti.

Produktivnost zadrugarstva Srbije nije niska toliko zbog nedoslednog ostvarivanja koliko zbog bukvalnog ignorisanja ekvivalentne razmene i raspodele. Zatvorene same u sebe i međusobno nepovezane, zadruge su se utopile u tržišnu stihiju, prihvatajući neekvivalentnu razmenu uglavnom kroz slučajne kupo-prodajne odnose sa prihvatnim i državnim firmama. Na isti način i zemljoradničke zadruge posluju sa svojim kooperantima, koje tretiraju kao svoje članove iako ni faktički ni statutarno nemaju punopravni status zadruga, [48] pored ostalog i pre svega zbog toga što ne učestvuju ni u raspodeli dobiti zadruge.

---

[48] Startegija razvoja zemljoradničkog zadrugarstva u Republici Srbiji, isto, str. 17.

To je veliki nazadak i u odnosu na sam početak zadrugarstva, naročito u odnosu na " istorijsko delo rodžderskih tkača, koje se sastojalo upravo u tome što su kroz princip raspodele dobiti prema kupovini svakog zadrugara u zadruzi obezbedili jednovremeno dve stvari: ekonomsku podlogu zadruge i materijalnu zainteresovanost njenih članova".[49] Time je već u začetku savremenog zadrugarstva ispoljena suštinska podudarnost ličnih i kolektivnih interesa zadrugara u podizanju zadružne ekonomije.

Raspodela prema radnom i poslovnom doprinosu predstavljala je glavnu vododelnicu u ostvarivanju ekvivalentne razmene i zadružne ekonomije u svetu i u Srbiji. Dosledna primena pionirskih rodždelskih principa vodila je ekonomskom jačanju, a ignorisanje slabljenju, pa i propadanju zadružnih organizacija. Nabavno-prodajne zadruge državnih činovnika kraljevine Jugosalvije su primenom stimulativnog sistema raspodele stvorile ekonomsku osnovu svog rada i poslovanja, a uspostavljanjem etatističkog sistema nazovi socijalističke Jugoslavije faktički je isključena mogućnost ekvivalentne razmene i raspodele, pa i perspektivnog ekonomskog rasta.

Posredovanje proizvodnje i potrošnje putem privatnog kapitala zamenjeno je posredovanjem državnog kapitala, neekvivalentna tržišna razmena neekvivalentnom administrtivnom preraspodelom, najamnička cena radne snage trudodanskom uravnilovkom, a sve radi održanja klasne eksploatacije u interesu vladajuće partijsko-državne birokratije. I kao što je bilo pod snažnim uticajem višepartijske, tako je zadrugarstvo Srbije potpalo pod još snažniji uticaj jenoparatijske diktature, dok tokom tranzicije nije potisnuto na same margine surove kolonizatorsko-tajkunističke eksploatacije, sa svim nasleđenim antizadružnim tendencijama.

To čini da zadrugarstvom Srbije u suštini još vladaju odnosi klasne eksploatacije, koji se prikrivaju golim frazama o zadružnim vrednostima i načelima. Nameštenici u zadružnim savezima ništa ne privređuju a imaju višestruko veća primanja od zaposlenih u zadrugama, koji su, uglavnom, u najamnom položaju, sa voluntaristički dodeljenom platom na nivou isto tako dodeljene najamnine u privatnim firmama, bez ikakve veze sa radnim doprinosom. I još se insistira da se oni liše statusa zadrugara pa i kad obavljaju najznačajnije poslovodne funkcije.

[49] Mihajlo Vučković, Prilog opštoj teoriji zadrugarstva s posebnim osvrtom na zadružne organizacije u FNRJ, " Glas SANU" , knj. 8, god. 1960, str. 182.

Razumljivo je što u takvoj poziciji oni nisu motivisani za unapređivanje rada i poslovanja, ni za ulaganje u jačanje ekonomske osnove zadruge, a morali bi predstavljati glavnu pokretačku i kreativnu snagu njenog razvoja i trajnog održanja. Bez toga su mnoge zadruge propadale, poljoprivredni stručnajci su, pored ostalog i zbog sukoblajvanja sa direktorima, bežali iz zemljoradničkih zadruga, a od desetak beogradskih potrošačkih zadruga opstala je smao jedna koja je imala stimulativni sistem raspodele prema radnom doprinosu na osnovu uspešno obavljenjog prometa proizvoda i usluga.

Da bi opstala i razvijala se, svaka zadruga bi morala delovati kao jedinstvena radna i poslovna zajednica, sa punopravnim statusom zadrugara svih neposrednih učesnika u obavlajnju njene delatnosti, kao ravnopravnim suvlasnicima u raspolaganju zadružnom imovinom prema individualnom doprinosu njenom sticanju, što je neizostavni uslov opšte ekonomske motivacije za stalno jačanje zadružne ekonomije. Ekonomsku osnovu zadružnog najamništva i najfatalniju rak-ranu zadrugarstva Srbije predstavlja upravo otuđenost zadružne imovine od zadrugara, kojom faktički raspolaže zadružna birokratija u sprezi s otuđenim silama van zadrugarstva.

Neposredno, samostalno i neotuđivo raspolaganje zadrugara zadružnom imovinom neizostavni je uslov neposrednog reprodukcionog povezivanja zadružnih organizacija u jedinstven društveno-ekonomski sistem, kao perspektivnu osnovu trajnog održanja i unapređenja društvene ekonomije Srbije. To je i jedina perspektivna alternativa da se prevaziđe veliki rasipnički sistem otuđenih delatnosti i političkih institucija, koje guše i blokiraju slobodno ispoljavanje opštenarodne inicijative, kao potencijalni neiscrpni izvor opštedruštvenog progresa, što se samo izvornim zadrugarstvom može postići.

Neposrednim reprodukcionim povezivanjem zadružnih organizacija uklanja se neproduktivno posredovanje pre svega u samoj ekonomskoj bazi društvene reprodukcije. "Zadrugarstvo uklanja posrednike-trgovce, posrednike-bankare i čak posrednike-fabrikante između proizvođača i potrošača i dela bez njih".[50] Celokupan višak proizvoda koji otuđeni privredni i društveni posrednici prisvajaju, ostajalo bi zadružno organizovanim proizvođačima i potrošačima za samostalno obavljanje privrednih i društvenih delatnosti, uz velike uštede društvenih troškova samog posredovanja.

---

[50] Prof. V.F. Totomianc, Osnovi zadrugarstva, Beograd, Štamparija Glavnog saveza srpskih zemljoradničkih zadruga, 1931, str. 37.

Bez zadružnog samoorganizovanja nema drugih mogućnosti da se društvo oslobodi neracionalnog raspolaganja društvenim sredstvima otuđenim od proizvođača i potrošača, kojim otuđene društvene i privatne institucije posluju rasipnički i profiterski. Štedljivo i racionalno raspolaže se samo sopstvenim, a ne i tuđim radom stečenim sredstvima, pa su i zadružne organizacije nastale i opstale na temelju štedljivosti i ekonomske racionalnosti. I "funkcija potrošačke zadruge sastoji se baš u tome što ona štedi svojim članovima ono što trgovac zadrži za sebe kao dobit".[51]

Štedljivost je specifično generičko svojstvo ljudskog bića jer je čovek jedina životinja koja je sposobna da štedi i racionalno raspolaže životnim sredstvima, što i mora da čini da bi ljudski normalno živeo i opstao, zbog čega se "svaki štedljivi čovek ima smatrati kao javni dobrotvor, a svaki neštedni čovek kao neprijatelj", i drugima i samom sebi. "Današnje građansko društvo ne strada toliko od oskudice u novcu, koliko pati od rasipanja novca".[52]

Štednja je neophodna u svim ljudskim delatnostima i celoj društvenoj reprodukciji – proizvodnji i potrošnji, razmeni i raspodeli, u ličnom i društvenom životu, u prostoru i vremenu. Da bi se opstalo, štedeti se mora individualno i kolektivno, za danas i za sutra, i za sebe i za druge, što je moguće samo doslednim ostavrivanjem zadružnih vrednosti i načela u funkciji ekonomije života.

Ekonomija proizvodnje svodi se u osnovi na štednju, odnosno racionalno korišćenje proizvodnih činilaca, po principu da se sa što manjim troškom proizvode što više, odnosno da se u jedinicu proizvoda utroši što manje. Pod opsesijom da proizvode što više, stihijna jurnjava za profitom proizvodi hiperprodukciju, kojom se proizvodni efekti poništavaju i nanosi ogromna društvena šteta. Da bi se to izbeglo, veštački se naduvava prekomerna i nepotrebna potrošnja, čime se ugrožava trajna održivost i proizvodnje i potrošnje.

Nasuprot tome, zadružna proizvodnja, rukovodeći se time da se u jedinicu proizvoda utroši što manje, polazi od stvarnih (fizioloških i duhovnih) potreba potrošača i realnih mogućnosti njihovog zadovoljavanja, što

---

[51] Golub Lj. Marković, Zadruge i njihov razvoj, doktorska rasprava, Pravni fakultet u Beogardu, 1937, str. 28.

[52] Samuel Smajls, Štednja, zadružna knjižnica, Glavni savez srpskih zemljoradničkih zadruga, Beograd, 1913, str. 4. i 12.

podrazumeva da je trajno održanje života, a ne bezgranično gomilanje profita, glavni parametar održive proizvodnje, na čemu prema svom doprinosu profitiraju i proizvođači i potrošači. Proizvođači za svoje proizvode dobijaju više, koje potrošači plaćaju manje nego pri profiterskoj proizvodnji i prometu, a i jedni i drugi uštеđuju svoja sredstva za visinu kamate koju bi morali plaćati profiterskim kreditorima, čime celo društvo uštеđuje na očuvanju proizvodnih i životnih resursa.

Savremeno zadrugarstvo je zapravo i nastalo u borbi eksploatisanih proizvođača i potrošača protiv zaduživanja kod zelenaških profitera, pa su još roždelski pioniri zadrugarstva utvrdili princip da zadruge posluju samo gotovinski. Time je u suštini nagoveštena dugoročna strategija zadrugarstva kao istorijske alternative eksploatatorskom kapitalističkom društvu i samoj dominaciji profita nad ljudskim životom.

Umesto dužničkog profiterstva treba da se razvija samofinansirajuće zadrugarstvo, kao suštinska odrednica zadružne, odnosno životne ekonomije. To podrazumeva da se dužničko-poverilački odnosi zamenjuju odnosima zajedničkih ulaganja, tako da proizvođači i potrošači umesto plaćanja kamata na pozajmljena sredstva stiču dobit na uložena sredstva, te da umesto zavisnih dužnika postanu slobodni preduzetnici, koji svojim sredstvima samostalno raspolažu. I umesto da štede u profiterskim bankama, na čije kamate nemaju nikakvog uticaja, da kao aktivne štediše ravnopravno posluju sa zainteresovanim partnerima, deleći zajedničku dobit prema svom doprinosu.

Očuvanje proizvodnih resursa je najdalekosežnija životna ušteđevina u funkciji održive budućnosti ljudskog roda, jer je proizvodnja životnih sredstava u osnovi proizvodnje ljudskog života. Planetarna zadružna zajednica morala bi što veći deo novostvorene vrednosti ulagati u obnavljanje obnovljivih i zamenu neobnovljivih resursa novim proizvodnim resursima, što pre svega podrazumeva ulaganje u naučna istarživanja, posvećena održanju života umesto gomilanju profita.

Ekonomski smisao ulaganja u proizvodne resurse, sadržan u zadružnoj raspodeli prema radnom doprinosu, usmeren je, prvo, na maksimalno korišćenje radnog veremena za postizanje što većih proizvodnih rezultata, i drugo, na skraćivanje potrebnog radnog vremena sve većom mehanizacijom i automatizacijom proizvodnje, čime se postiže najveća moguća ušteda živog ljudskog rada. Dok se profitersko iskorišćavanje najamne radne snage vrši produžavanjem radnog vremena i povećanjem intenziteta rada, isti ili veći radni učinak postiže se normalnim opterećenjem radne snage zadrugara. Suštinski se menja i odnos prema automatizaciji proizvodnje. Za najamnog radnika automatizacija je veliki bauk koji ga ostavlja bez posla, zadrugar je uz skraćenje radnog vremena neposredni korisnik svih ekonomskih efekata automatizacije, sa mogućnošću slobodnog samozapošlajvanja i prezapošljavanja.

Menja se odnos i prema proizvodnim sredstvima, prema kojim se zadrugar, za razliku od najamnika, ne odnosi kao prema tuđem već kao prema sopstvenom vlasništvu s obzirom da ona to i jesu. Pored savesnog održavanja, zadrugar je maksimalno motivisan za optimalno korišćenje osnovnih sredstava, kojim postiže veće proizvodne rezultate i ostvaruje veću zaradu i dobit, što mu omogućava i veće uštede u korišćenju sirovina, repromaterijala i pogonske energije.

Neposredni odnosi i ekvivalentna razmena između proizvođača i potrošača treba da donesu veliko poboljšanje kvaliteta proizvodnje i proizvoda, na čijem se snižavanju sve više profitira, uz stalno opadanje životnog standarda i kvaliteta života ogromne većine svetskog stanovništva. Radi unapređivanja ekonomije života i samog opstanka ljuskog roda, čovečanstvo se umesto nekvalitetne, genetski modifikovane i zatrovane hrane, mora vratiti proizvodnji zdrave organske hrane, i umesto proizvodnje kratkotrajnih, proizvodnji dugotrajnih proizvoda u svim oblastima reprodukcije, kao jednoj od najvećih mogućnosti očuvanja proizvodnih resursa.

Ali ekonomije života ne može biti u proizvodnji bez životnog ekonomisanja u potrošnji, sa kojom je proizvodnja organski povezana. Profiterskom proizvodnjom nametnuta je i odgovarajuća potrošnja u interesu i po meri profiterstva da se: živi od danas do sutra i troši još nezarađeno, ponaša pomodarski i rasipnički kad se ni za nasušni hleb nema, odnosi egoistički i prema savremenicima i prema potomcima. Kao ukleti zatočenik savremenog profiterstva, savremeni potrošač i sam o svojoj glavi i glavi svog roda i poroda radi.

Naivni potrošač bi se, pre svega, morao osloboditi svoje lakovernosti u ono što mu profiterska propaganda nudi da bi mu sa parama uzela život i zdravlje, pretvarajući ga u tragikomičnog samoubicu koji srlja u propast i kad ne zna i kad zna šta radi. Od silne sebičnosti sam sebe lišava svoje samobitnosti, ne shvatajući da sloboda pojedinca nije u samoživosti i samovolji već u sadejstvu i solidarnosti sa drugima.

Zlatno pravilo održive potrošnje u funkciji održivog života je da što se ne mora potrošiti danas, sačuva za sutra. "Životno osiguranje kupuje se na pijaci, kao i svaka druga roba. Hoćemo li imati odakle da podmirimo kakvu našu neočekivanu i vanrednu potrebu, jedan deo sadašnjeg dohotka ima da se sačuva za podmirivanje potreba koje nam se budu javile". I "ne potrošimo li u izvesnom periodu sve što smo za taj period zaradili, onda smo takvom uštedom obezbedili kasniju potrošnju". A "ko kupuje što mu ne treba, prodavaće ono što mu treba".[53]

Održiva potrošnja u funkciji ljudskog života neizostavni je uslov održanja ljudskog roda. Štedeći za svoju budućnost, pojedinac štedi i za buduće generacije, koje su u kontinuitetu održanja ljudskog roda produžetak njegovog generičkog bića. U prirodi je svakog živog bića da se bori za održanje svoje vrste, a čovek bi se za to morao boriti i svesno, ne samo rađanjem već i stvaranjem skonomske osnove za opstanak i napredak svog potomstva, što je neizostavni činilac ekonomije ljudskog života.

U tome je nezamenjiva uloga zadružnog zajedništva, kao univerzalnog oblika opšedruštvenog samoorganizovanja i zajedničkog samodelovanja svih generacija. Zadrugarstvo, pored ostalog, štedi: "pri nepromenjenom dohotku podizanjem kupovne moći novca, regulisanjem i kontrolom cena, zajedničkom nabavkom, kupovinom za gotovo, odstranjenjem izdataka oko reklame, onemogućavanjem rada kartelima i uticajem na državu i samoupravna tela da vode onakvu, ekonomsku, fiskalnu i socijalnu, politiku koja omogućava pravedan odnos potrošnje i proizvodnje na pijaci odnosno jednakost razmene".[54]

Zadružnom reprodukcijom vrši se demokratska koncentarcija i najrasutijih sredstava proizvodnje i potrošnje, kao osnove organizovane i visoko razvijene društvene ekonomije. To omogućava racionalno i maksimalno korišćenje životnih resursa, uz njihovo plansko obnavljanje i trajno održavanje. U sistemu zadružne reprodukcije individualno ekonomisanje životnim sredstvima sistemski i sistematski se sliva u kolektivno ekonomisanje, od kojeg se i samo podstiče i unapređuje.

Organizovani potrošač može preko potrošačke zadruge mnogo lakše i više štedeti i uštedeti nego ako štedi pojedinačno. Uz velike uštede vremena i

---

[53] Šefkija Bubić, Ekonomija potrošnje, Savez nabavljačkih zadruga državnih službenika, Beograd, 1937, str. 57, 58, 59. i 29.

[54] Isto, str. 29.

troškova nabavke, može dobiti lično poručenu i zagarantovano kvalitetnu robu po proizvođačkoj ceni, uz odloženo plaćanje ili po nižoj ceni za gotovinsko plaćanje prilikom isporuke, dopremanje poručene robe do kućnog praga, kao i druge unapred dogovorene pogodnosti nabavke.

Sve to predpostavlja da zadrugari o radu i poslovanju svoje zadruge sami demokratski odlučuju, rukovodeći se zajedničkim interesima, ekonomskim principima i čistim računima uz maksimalno moguće uštede, uključiv i "sitne izdatke koji se nanižu u velike svote, kao što su poštarina, telefonske takse, troškovi popisa robe, čišćenje prozora, ogrev, osvetljenje, potrošnja vode, pisaći pribor, kesice, prenos robe i sl."[55]

Iznad svega je, međutim, racionalna ekonomska politika usresređena na što manje troškove a što veće efekte rada i poslovanja zadruge. Najznačajnije je apsolutno ostvarivanje zadružnih vrednosti i dosledna primena zadružnih načela, zatim neposredno i trajno snabdevanje od proizvođača, smanjenje troškova prometa i povećanje ekonomije obima.

Zadruge koje se ne rukovode zadružnim vrednostima i načelima ponašaju se profiterski ne ispunajvajući nijedan zahtev pravog zadružnog poslovanja i zaostajući ekonomski za privatnim i državnim preduzećima.Zbog toga su i potrošačke zadruge Srbije poslovale uglavnom kao loše privatne firme sa malim brojem formalnih članova ili praktično bez članova, sa skromnim poslovnim rezultatima ili sa gubicima, ne opstajući dugo ni na haotičnom domaćem tržištu.

Ekonomske prednosti neposrednog i trajnog snabdevanja od proizvođača su brojne i veoma plodotvorne. Pored proizvođačkih cena, dobija se i sigurno snabdevanje i stabilno poslovanje, dogovoren asortiman, kvalitet i količina proizvoda, ugovoreni rokovi isporuke pa i do praga potrošača, smanjeni troškovi prometa i poslovanja, povoljni uslovi plaćanja i dr. Koje su se zadruge snabdevale preko posrednika i od slučajnih dobavljača nisu dugo opstale, a nerazvijeno neposredno snabdevanje od proizvođača uslovljeno je naročito nerazvijenošću proizvođačkog zadrugarstva. Ukoliko zemljoradničke zadruge nešto i proizvode, više su naklonjene stihijnom tržištu nego organizovanoj saardnji sa potrošačkim zadrugama, koje se takođe više rukovode trenutačnim nego trajnim pogodnostima.

---

[55] Isto, str 222.

Zbog specifičnih uslova rada, potrošačke zadruge su prinuđene da do minimuma smanjuju troškove poslovanja. Neophodno je smanjenje troškova snabdevanja, interne distribucije i realizacije nabavljenih proizvoda. Potrošačke zadruge retko mogu optimalno koristiti sopstveni poslovni prostor, prevozna sredstva i stalno zaposlenu radnu snagu. Troškovi dopremanja i internog raznošenja nabavljene robe mogu se prebaciti na dobavljače, lagerovanje izbegavati direktnim isporučivanjem robe krajnjem potrošaču, a poslove prikupljanja porudžbina, distribucije poručene robe i naplate mogu obavlajti zadružni poverenici uz adekvatnu naknadu prema radnom doprinosu. Troškovi marketinga znatno se samnjuju neposrednim i trajnim snabdevanjem od proizvođača, poslove koje potrošačke zadruge mogu same obavlajti ili se to ne isplati, mogu obavlajti udružene u poslovne saveze, kojih u Srbiji danas nema iako su nekada predstavljali nasušni oblik zadružnog poslovanja.

Poslovno udruživanje je nasušni oblik povećanja zadružne ekonomije obima, koji omogućava znatno samnjenje prometnih troškova. Smanjuju se troškovi marketinga, nabavke i nabavne cene, transporta, lagerovanja i distribucije robe, obezbeđuje sigurno i kontinuirano snabdevanje. Nekada su se brojne zemljoradničke zadruge Srbije snabdevale preko svojih nabavljačkih zadruga udruženih u Glavnu nabavlajčku zadrugu u Beogardu, a danas se malobrojne potrošačke, pa zemljoradničke, zadruge snabdevaju svaka za sebe, uz nesrazmerne troškove poslovanja.

V glava
ZADRUŽNA SAMOZAŠTITA POTROŠAČA I DRŽAVA

Vorbas je dobro primetio da država ne može biti autentični žaštitnik potrošača, jer se "više starala za svojinu nego za narod, štiteći svojinu privatnih vlasnika i njihove privilegije od zahteva obezvlašćenih i neprivilegovanih, što čini i danas".[56] I zadrugarstvo štiti svojinu, ali svojinu zadružnu, kao ekonomsku osnovu samozaštite ovlašćenih i neprivilegovanih proizvođača i potrošača od njihovih samopovlašćenih i samoprivilegovanih uzurpatora.

Zato umesto nenarodne profitomanske države " mora postojati jedna narodna zadružna organizacija, koja će njeno mesto zauzeti", što će "nastupiti kao posledica stalnog rašćenja zadružnih organizacionih metoda i njihovog prodiranja u postojeći društveni sistem", a što se u svetu zapravo odavno dešava. I dok državna "politička organizacija stavlja centralnu vladavinu iznad svega, zadružna organizacija stavlja mesne zadruge, koje su u tesnoj vezi sa pojedincima, iznad svega".[57]

Pa i uprkos svih suprotnosti između profitomanske države i narodnog zadrugarstva, nacionalne vlade su, više u interesu samog profiterstva nego naroda, naročito u kriznim situacijama često potpomagale zadrugarstvo, što danas u Srbiji nije slučaj. Šta više, vladajuće elite se prema zadrugarstvu odnose ignorantski i diskriminatorski u odnosu na privatni i državni sektor, pa ni jedna od vladajućih starnaka ne računa na zadrugarstvo kao značajnu i perspektivnu privrednu i društvenu snagu. Tokom cele tranzicije zadruge su isključene iz podsticajnog sistema države: subvencija, kreditiarnja, samozapošljavanja i dr.[58]

Da bi zamenilo državu, zadrugarstvo se mora razvijati, pre svega u proizvodnji, bez čega se, kao oblik samozaštite potrošača ne može razviti ni u potrošnji. Ne samo što bi se zemljoradničke zadruge morale skoncentrisati na

---

[56] Cit rad, str. 128. i 129.

[57] Isto, str. 135. i 177.

[58] Strategija razvoja zemljoradničkog zadrugarstva u Republici Srbiji, isto, str. 17. i 21.

proizvodnju, uključiv i preradu poljoprivrednih proizvoda, već bi trebalo i da se cela industrija organizuje na zadružnim načelima.

Zamena države zadrugarstvom treba da se sa proizvodnje širi na celu privredu, naročito na organizovanje uslužnih delatnosti, čiji je prelazak sa troškovnog na ekonomsko poslovanje od izuzetnog značaja i za proizvodnju i za potrošnju. Pod dominacijom državne administracije i političkih stranaka javna preduzeća se ne mogu osloboditi poslovnog voluntarizma i rasipništva na štetu potrošača i proizvođača.

S obzirom na sve veće napajanje naukom, informatikom i obrazovanjem, savremena zadružna proizvodnja ne bi mogla bez neposrednog zadružnog povezivanja sa društvenim delatnostima na zajedničkom ostavrivanju osnovnih ciljeva društvene reprodukcije. To je neizostavni uslov da se cela reprodukcija društva sa retrogradne reprodukcije profita usmeri na progresivno reprodukovanje ljudskog života i celog društva.

Uz pozadruživanje privrede i društvenih delatnosti ićiće i pozadruživanje državnih službi, čiju će ekonomsku i političku zavisnost od profiterske klase zameniti zavisnost od zadružno organizovanih proizvođača i potrošača. Umesto što su organizacije potrošača u poziciji transmisionog pomagača u sprovođenju državne politike, državne službe treba da postanu zadružni servis za sprovođenje politike samoorganizovanih potrošača i proizvođača.

Pod dominacijom eksploatatorskog profiterstva, država će, međutim, eksploatisane proizvođače i potrošače štititi uglavnom toliko koliko je to u interesu profiterskih eksploatatora, kao što je i do sada činila. Zato zadružni i potrošački pokret moraju složno delovati i spolja i unutar države, koristeći postojeće demokratske institute vladajućeg ustavnog poretka i boreći se za njegovu dalju demokratizaciju.

Zadružne i sindikalne organizacije bi mogle i morale za svoje delovanje koristiti, sada gotovo zapostavljene, zakonodavne institute narodne inicijative i referenduma: kako za ostvarivanje tekućih interesa potrošača i proizvođača, tako i za sistemske promene u pravcu jačanja njihovog društvenog položaja. One bi, pored ostalog, mogle tražiti izričito pravo organizovanja narodne inicijative i neposredno učešće u izradi i donošenju pravnih akata: kako od posebnog interesa za potrošače i proizvođače, tako i od opšteg društvenog interesa. To bi trebalo da vodi sistemskoj zameni diktatorkse predstavničke demokratije, kao modusa zaštite eksploatatorskog profiterstva, neposrednom zadružnom demokratijom, kao modusom samozaštite eksploatisanih proizvođača i potrošača od klasne diktature eksploatatorskog profiterstva. I da umesto o sudbonostin pitanjima celog društva odlučuje malobrojna tajkunistička elita, o sopstvenoj sudbini odlučuju milioni potrošača i proizvođača.

U tom pravcu morao bi se transformisati i skupštinski sistem države. Partijokratija bi morala biti zamenjena demokratijom, imperativni mandat partijskih lidera imperativnim mandatom naroda, politički plaćenici narodnim glasogovornicima. Mesta partijskih koalicionih partnera u skupštinskim klupama morali bi zauzeti neposredno izabrani predstavnici svih društvenih struktura, da bi tako izabrane skupštine umesto partijskih posela postale saborna mesta celog naroda.

Ali neposredna vlast naroda ne može se sabiti u skupštinske sale, pa se ni društvena samozaštita potrošača ne može svesti na zaštitu od strane izabranih predstavnika. Zakon o (samo)zaštiti potrošača, kao i druge sistemske zakone, morali bi, uz prethodnu masovnu raspravu, ličnim izjašnjavanjem donositi svi potrošači. Da bi postala stvarni zaštitnik potrošača, država bi se morala spustiti među same potrošače, kao izvorni oblik njihovog demokratskog samoorganizovanja. I da bi se društvene promene odvijale u interesu potrošača i proizvođača, prvenstveno oni moraju biti njihovi inspiratori i inicijatori, za što bi trebalo koristiti i sve demokratske mogućnosti postojećeg ustavnog poretka.

Ustavna mogućnost korišćenja narodne inicijative i referenduma pretpostavlja, uz odgovarajuću zakonodavnu regulativu, masovnu demokratsku samoorgnizovanost naroda, kakve u Srbiji još nema. Iz vladajuće džungle kvazipolitičkog pluralizma zavađenih i samozavađenih Srba ne nazire se demokratsko jedinstvo srpskog naroda, kao neizostavnog činioca i nosioca demokratskog integriteta i održivog prosperiteta Srbije. Umesto što konkurentski deluju jedne protiv drugih, potrošačke i zadružne organizacije bi, protiv razbijača njihovog i narodnog jedinstva, kroz međusobnu saradnju morale delovati zajednički u borbi za ostvarivanje zajedničkih interesa potrošača i zadrugara.

SADRŽAJ

www.ingramcontent.com/pod-product-compliance
Lightning Source LLC
LaVergne TN
LVHW010435230826
846092LV00009BA/1165

* 9 7 8 8 6 8 7 6 5 1 1 3 5 *